なると

#AMIMUSU
#AMIGURUMI
#with amimusu
#NARUTO

JN060787

#あみむす

理想の推しむすBOOK

CONTENTS

❖ 素材提供

ハマナカ株式会社
〒616-8585
京都府京都市右京区薮ノ下町2番地の3
FAX：075-463-5159
メール：info@hamanaka.co.jp
ホームページ：http://hamanaka.jp

❖ STAFF

撮影　福本旭
ブックデザイン　木村百恵
プロセスページ校正　聚珍社
進行　鏑木香緒里
編集　宮崎珠美（OfficeForet）
　　　山口裕子（株式会社レシピア）

【読者の皆様へ】
本書の内容に関するお問い合わせは、お手紙または
メール（info@TG-NET.co.jp）にて承ります。
恐縮ですが、電話でのお問い合わせはご遠慮ください。
『#あみむす　理想の推しむすBOOK』編集部

※本書に掲載している作品の複製、販売はご遠慮ください。

「あみむす」を楽しもう！

「あみむす」とは、かぎ針で編んで作る小さなあみぐるみのお人形のこと。
今回のコンセプトは「コレクションしたくなるあみむす」。
それぞれのあみむすが1点モノのドールのような仕上がりで、存在感たっぷりです。
着ているお洋服もちょっぴりゴージャスで、手の込んだ作りになりました。

今回のあみむすは「お着替えしない
タイプ」。素体にお洋服（ワンピース）
が縫いつけてあります。着せ替えは
できませんが、あみむすの体に直接
装飾することができるので、デザイ
ンの幅が広がりました。また、脱ぎ
着の必要がないため、お洋服も体に
フィットした作りに。よりお人形とし
ての魅力が増しました♡

あみむす作りが初めての方でももち
ろん大丈夫！ 素体（あみむすの体）
の作り方やお洋服の編み方、髪の
毛の作り方など、基本の手順を写真
プロセスで丁寧に説明しています。
あみむす愛好家から初心者の方ま
で、誰もが楽しめます♪

あみむすを楽しもう！

あみむすを作ってみましょう

あみむす髪型研究所

長く

長く

16cm

あみむすの素体もこれまでと少し変
わっています。手足がちょっとだけ
伸びて胴体は短くなり、よりドールっ
ぽく、スタイルが良くなりました♪

今回のあみむすも一人ひとりがアイ
ドルのようなかわいらしさ♡髪色も
肌の色も一人ずつ、ちょっとだけ違
います。個性たっぷりの10人です。

できあがったら飾って眺め
たり、何体か並べて楽し
んでも♪もちろん、お出か
けに一緒に連れ出すのも
オススメ!いっぱい思い出
を作りましょう。

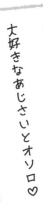

大好きなあじさいとオソロ♡

ゾー子しか勝たん！

四つ葉のクローバー
見つけてね☆

さぁ、あなたの理想の「推しむす」は誰？ずっとそばに置いてあげてくださいね。

実は木登り得意な
みやびちゃん♪

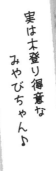

no.1 めいどるちゃん

いらっしゃいませ♪

いそがしい〜!

Back

Profile

名前	めいどるちゃん	推し色	イエロー
誕生日	5月5日	好きな食べ物	バイト先のチョコレートパフェ

茶色のストレートヘアがかわいい♡ここがおすすめ

わらび餅ドリンクの
お客様〜♪

Maidol

めいどるは明るくて元気いっぱいな女の子！かわいいメイド服に憧れてカフェでアルバイトを始めたよ。リボンのついたカチューシャやフリルいっぱいのエプロン、白のハイソックス……全部お気に入り♡アイドルデビューを目指して夜はスクールにも通っている頑張りやさん。

この作品は ③③ ページから作り方を写真プロセス解説しています

ライブ後のぴかりんとの貴重な1枚☆

あみむすを楽しもう！

あみむすを作ってみましょう

あみむす髪型研究所

No.2 うさかわちゃん

楽しいこと
あるかな♪

ちょっと仕事......

← Side

Profile

名前	うさかわちゃん	推し色	ピンク
誕生日	3月28日	好きな動物	うさぎ

Usakawa

きゅるんとした表情がたまらないうさかわ

ちゃんはみんなの愛されキャラ♡うさみみ

のついたベレー帽がトレードマークで、ふ

わふわウェーブヘアの片方に白いリボンを

結んでいるよ。うさぎモチーフが大好きで、

今日もかわいいポシェットをかけながら街

を楽しくお散歩中♬

(recipe 68 ページ)

あみむすを楽しもう!

あみむすを作ってみましょう

あみむす髪型研究所

全身ピンクのスイートコーデが尊い♡

めいどるちゃんとは
小さいときからの仲良し!

髪の毛の白いリボンが
お気に入り♡

no.3 ゆめぽぽちゃん

あのお話の続き、早く読みたいな……♡

どの本にしょうかな〜

Back

Profile

名前	ゆめぽぽちゃん	推し色	ラベンダー
誕生日	6月14日	休日の過ごし方	ファンタジーを読みながらまったり☆

12

うすピンクのふんわり髪の毛がチャームポイント

あみむすを楽しもう！

あみむすを作ってみましょう

あみむす髪型研究所

Yumepopo

夢見る少女のゆめぽぽちゃんは空想の世界
が大好き♬ほんわか優しいキャラクターで
みんなの人気者♡あじさいみたいな淡い色
合いのラベンダーカラーがお気に入りな
の。ふんわりしたボンネットやパニエたっ
ぷりのワンピースは、ゆめぽぽちゃんの夢
女子キャラにぴったりだよ♡

(recipe 72 ページ)

こないだ一緒に街におでかけしたよ♬

ミンティちゃん

かわいい雑貨あるかな〜

あっちも見てみよ〜!

Back

Profile

| 名前 | ミンティちゃん | 推し色 | エメラルドグリーン |
| 誕生日 | 7月25日 | 好きなアイス | もちろんチョコミント! |

14

集めた雑貨を眺める
時間が大好き♡

２つ結びがトレードマークの２人組♬

Minty

レトロ感のあるロマンチックなお洋服を身
にまとったミンティ。アンティークの雑貨
屋さんを開くのが夢なんだ！素朴でぬくも
りのあるフォークロアテイストが大好き
で、いつか北欧や東欧を旅して雑貨を集め
たいと思っているの。胸元とスカート裾の
清楚な白レースがおしゃれポイント☆

(recipe 76 ページ)

15

スチームちゃん

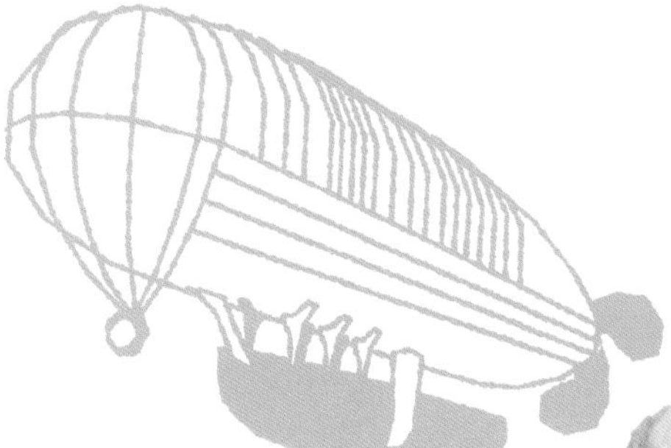

レトロフューチャーが好き♪

大きい飛行船だ！

← Back

名前　スチームちゃん

誕生日　10月14日

推し色　こげ茶

お気に入りアイテム　歯車モチーフ

Steam

小さなときから自分の世界を大切にしてきたスチームだけど、最近は「レトロフューチャー」にハマり中♪歯車やシルクハット、コルセット風ワンピや冒険者みたいなブーツがお気に入りアイテム♡おしゃれなスチームパンク少女を目指して「カッコかわいい」を追求してるよ☆

(recipe 74 ページ)

あみむすを楽しもう！

あみむすを作ってみましょう

あみむす髪型研究所

歯車つきの
シルクハットが
お気に入り♪

ウエービーな
金髪ヘアも
個性的でかわいい♡

好きなジャンルの話で
いつも盛り上がるゆうびと☆

no.6 ゆうびちゃん

お出かけしちゃお☆

カシャ

カシャ

後ろ姿もエレガント♪

Back

Profile

名前	ゆうびちゃん	推し色	黒
誕生日	2月10日	休日の過ごし方	お気に入りのゴス服でお出かけ♪

今日のコスプレも
バッチリ！

最近お友だちになったゆめぽぽちゃんと☆

レースやチュールを
たっぷりと……。

Yuubi

ゆうびは黒髪のきれいな女の子。ちょっと

ミステリアスなゴシックファッションが大

好き♡普段は女子校に通う女の子だけど、

お休みの日はお気に入りのゴス服でコス友

たちと撮影会に参加♫モノトーンのワン

ピースには、ところどころシックなダーク

レッドを取り入れて大人っぽさをプラス☆

(recipe 77 ページ)

深くかぶったハットで雰囲気を♡

no.7 みやびちゃん

バイトもレッスンも頑張るよ☆

エイエイオー！

Back

Profile

名前	みやびちゃん	推し色	もえぎ色
誕生日	1月15日	お気に入りグッズ	バイト先の神社でもらったお守り♡

ストレートのツインテが
トレードマークなんだ☆

Miyabi

巫女として神社でアルバイトしていたみや
びだけど、ある日突然和装アイドルグルー
プのメンバーにスカウトされちゃってさあ
大変！今は毎日踊りのレッスン中なの。お
気に入りのもえぎ色の袴にお揃いの髪飾
り、編みあげブーツを履いて今日もバイト
にレッスンに大忙し☆

recipe 80 ページ

仲良しのスチームちゃんは
もちろん「みやび推し」♡

袴で踊るのって大変！だけど楽しい♫

No.8 アニーちゃん

そばかすがチャームポイント☆

三つ編みスタイル♪

Back

▶ Profile

名前 アニーちゃん

誕生日 11月30日

推し色 オレンジ

好きな本 もちろん『赤毛のアン』！

いつかグリーンゲイブルズ
に住みたいな♪

帽子を取った姿もキュート♡

みんな大好き、ゾー子ちゃんを囲んで☆

Annie

小さい頃から読書好きだったアニー。ある
日「赤毛のアン」の本に出会ってから、すっ
かり主人公のアンの大ファンに！三つ編み
やモスグリーンのワンピ、麦わら帽子も赤
毛のアンをリスペクトしてコーディネイト
してるんだ♡このお洋服を着ていると、憧
れのアンの気分が味わえるの♪

(recipe (84) ページ)

no.9 ゾー子ちゃん

そーっと
近づいて……

今日もみんなを驚かせちゃお☆

← Back

Zo-ko

ハロウィンが誕生日のゾー子はゾンビが
好きすぎて、お化け屋敷でアルバイトを
始めたの！手がすっかり隠れる長い袖に
眼帯、傷メイクがハマってるでしょ♪ゾ
ンビ好きのゾー子は怖がられがちだけれ
ど、実は見かけによらず面倒見のいい優
しい女の子なんだ♡

(recipe 86 ページ)

ぴかりんのコンサートにも
もちろんゾンビコスで参戦！

バイト中は
とっても真剣に
演技中！

おぼえてろ〜……あれ、怖くない？

あみむすを楽しもう！

あみむすを作ってみましょう

あみむす美型研究所

no.10 ぴかりちゃん

待ちに待った世界ツアー初日！

気合い入れてこー！

Back

Profile

名前 ぴかりちゃん
誕生日 4月18日
推し色 スカイブルー
大切なもの ファンのみんな

歌って踊って、コンサート中は
ずっと動きっぱなし！

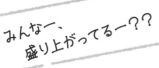

みんなー、
盛り上がってるー？？

ファンサもしっかりと♪

Pikari

大人気パンクバンドのボーカルを務めるぴ

かりちゃん。ファンからは「ぴかりん」っ

て呼ばれているよ。小柄な体と圧倒的な歌

唱力のギャップでみんなを魅了♪世界進出

の噂もちらほら♡トレードマークはツート

ンカラーの髪の毛で、ネックレスやチョー

カーはファンのみんなとお揃いなんだよ！

recipe 83 ページ

あみむす作りに必要な材料と用具

この本で使用している主な材料と用具を紹介します。

材料

① 毛糸【ハマナカピッコロ】
あみむすの素体（体部分）、髪の毛、服など、あみむすのほぼ全ての部分の素材となる毛糸です。アクリル100%の編みやすい中細タイプで、色も豊富です。

② 手芸わた【ネオクリーンわたわた】
素体の中に詰めてあみむすを形成するために使用します。

③ 目玉ボタンマーブル（黒）直径8mm
あみむすの目に使用します。中央が平たくなっています。1体につき2個用意しましょう。

④ 25番刺しゅう糸（赤）
あみむすの口を刺しゅうする際に使用します。6本どりのものを用意しましょう。

⑤ ほお紅
あみむすのほっぺを着色する際に、綿棒と一緒に使用します。

⑥ 針金
被膜された直径1.6mmのものが最適です。100円ショップ等で入手できます。

⑦ ワックスコード（こげ茶）
あみむすの靴ひもなどに使用します。柔らかいタイプを選びましょう。

⑧ チュールレース（黒・白）
透け感のある網目状のレースです。スカートの内側に入れこみ、パニエのように仕上げます。

⑨ コットンレース（白）
柄が入った細幅のレースです。靴下の履き口に巻いたり、スカート裾に縫いつけたりして使用します。

⑩ サテンリボン（オレンジ・こげ茶・白）3mm幅
細くてツヤ感のあるリボンです。蝶結びにし、リボンパーツとして服の装飾などに使用します。

⑪ その他装飾パーツ（丸カン、パールビーズ、花形ビーズ、石座付ガラスビーズ、リボンパーツ、メタルパーツ、チェーンなど）
あみむすの服を華やかに彩ってくれるパーツ類。好きなパーツにアレンジしてもOKです。

用具

① かぎ針4/0号【アミアミ両かぎ針 ラクラク】
毛糸を編む際に使用する編み針です。持ち手に樹脂のグリップがついており、長時間編んでいても疲れにくい仕様になっています。

② とじ針【毛糸とじ針】
毛糸用の針です。糸の始末や編み地の巻きかがりなどの作業に使用します。

③ 縫い針
刺しゅう糸でステッチをする際に使用します。

④ 綿棒
あみむすのほっぺにほお紅をつける際に使用します。

⑤ ボンド【手芸用クラフトボンド】
速乾タイプの接着剤で、乾くと透明になります。植毛した髪の毛を接着したり、装飾パーツをつけたりと多用途に使用します。

⑥ はさみ
毛糸やレースなどを切る際に使用します。小さめで刃先が細いタイプのものが便利です。

⑦ ニッパー
針金を切る際に使用します。

⑧ ピンセット（または棒）
素体にわたを詰める際に使用します。細めの棒で代用することもできます。

⑨ セロハンテープ
針金の先をまとめる際に使用します。

◯印の材料・用具はハマナカ株式会社の取扱商品です。【】内は商品名です。

基礎の編み方レッスン

あみむすを作るのに欠かせない「輪の作り目」と「こま編み」をマスターしておきましょう。

🔹 輪の作り目とこま編みの編み入れ方

平たい編み地を編むときが「くさり編み」からなのに対し、丸く立体に編み進めていくものはこの「輪の作り目」から始めます。あみむすの素体パーツのスタートは全てこの「輪の作り目」です。

1

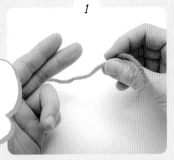

糸玉は左奥に置きましょう。左手の指に糸を巻いていきます。まず左手の人差し指と中指を揃えます。

編み図

解説

中心の丸が作り目。0印がくさり編み、×印がこま編みの記号。編み始めは中心の作り目から。くさり編みで立ち上がったら1段めにこま編みを6目編む、という指示です。

notice
この手順は、P.34から始まる素体の頭部分の1段めと同じです。ここの解説を見ながら作りましょう。

2

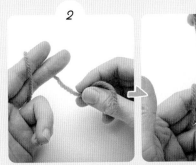　（1回め）　（2回め）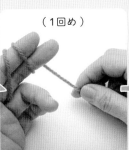

右手で糸端を持ち、左手の中指の下から上に向かって2回巻きつけます。

3

輪にした糸を指から外し、右手で持ちます。

4

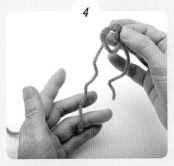

長い方の糸を、左手の小指と薬指ではさみます。

5

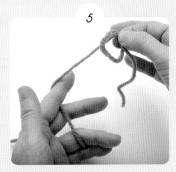

続いて中指と人差し指ではさむように写真のようにかけます。

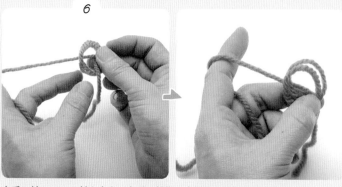

6

7

右手に持っている輪と糸を、左手の親指と中指ではさんで持ちます。

右手でかぎ針を持ち、輪の中に針を入れます。

8

9

10

針に糸をかけます。糸の手前側から回してかけます。

針を手前に引きます。

輪の中から糸を引き出したところ。

◎こま編み

11

12

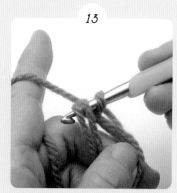

13

もう一度針に糸をかけ、針にかかっているループの中から糸を引き出します。

糸を引き出したところ。立ち上がりのくさり1目が編めました。

続いて輪の作り目にこま編みを6目編んでいきます（1段め）。輪に針を入れます。

14

針に糸をかけます。

15

針にかかっている2つのループの、左側の中から糸を引き出します。

16

もう一度針に糸をかけて、針にかかっている2つのループから一度に引き出します。

17

こま編みが1目編めたところ。

18

15 〜 17 をあと5回繰り返し、こま編みを計6目編みます。

19

次に輪の中心を引き締めます。一旦かぎ針をループから外します。

20

輪の中に右手の人差し指を入れます。

21

人差し指の太さまで糸端を下に引っ張り、輪を引き締めます。

動いた方の輪っか

22

その時、動いた方の輪っかを見つけましょう。

23

人差し指を抜きます。

24

先ほど動いた方の輪っかを、22で動いたのと同じ方向に引っ張ります。

25

もう一方の輪っかが縮まるまで、作り目の輪をさらに引き締めます。

26

もう一度糸端を引っ張り、作り目の輪を最後まで引き締めます。

27

輪の中心が引き締まったところ。

28

最後に引き抜き編みをして1段めを仕上げます。かぎ針を持ち、針をループの中に戻します。

◎引き抜き編み

29

こま編み1目めの頭に針を入れます。

30

針に糸をかけ、針にかかっている2つのループから一度に引き出します。

31

引き抜き編みをしたところ。輪の作り目にこま編みを6目編み入れ、1段めが編めました。

あみむすを作ってみましょう

PHOTO 8〜9ページ

ここでは「めいどるちゃん」の作り方を最初から最後まで写真プロセス解説で説明します。基本的な作り方をこのプロセスでマスターし、その他のあみむすはこちらをアレンジしながら作りましょう。

仕上がり約16cm

★素体の編み方はどのあみむすも一緒ですが、胴体の下部や足で使用している糸の色が一部違います。

作り方手順はこの4ステップ！

STEP 1

素体を作る

※手はまだつけません
➡ P.34〜45

STEP 2

服を編み、手をつける

➡ P.45〜55

STEP 3

髪の毛を植毛する

➡ P.55〜59

STEP 4

仕上げ

➡ P.60

使用糸について

実際のあみむす作りに使用する糸は「ハマナカピッコロ」ですが、写真プロセス解説ではわかりやすいように、実際のあみむすに使用しているものよりも太い糸を使っています（「ハマナカボニー」かぎ針7.5/0号）。そのため、できあがりのサイズは実物よりも大きくなっています。

さあ、さっそくtry！

あみむすを楽しもう！

あみむすを作ってみましょう

あみむす髪型研究所

素体を作る

あみむすの素体（体部分）を作っていきます。

イマココ → STEP 1
素体を作る

STEP 2
服を編み、
手をつける

STEP 3
髪の毛を
植毛する

STEP 4
仕上げ

STEP1の手順

1. 頭を編む
2. 胴体を編む
3. 手、足、耳を編む
4. わたと針金を入れる
5. 顔のパーツをつける
6. 手以外のパーツを組み合わせる

用意するもの

材料

- ・ハマナカピッコロ #45
  （イエローベージュ）…9g
- ・ハマナカピッコロ #2（生成り）…4g
- ・25番刺しゅう糸（赤）…少々
- ・目玉ボタンマーブル（黒）直径8mm…2個
- ・手芸わた…15g
- ・針金（直径1.6mm）…120cm

用具

- ・かぎ針4/0号　・とじ針　・縫い針
- ・ボンド　・はさみ　・ニッパー
- ・ピンセット（または棒）・セロハンテープ

▶ **1.頭を編む**

できあがり
イメージ

全員共通

★アニーちゃんはオレンジベージュ、
ゾー子ちゃんはグレーで編みます。

頭の編み図

1枚　※わたを入れる　糸：□＝イエローベージュ

編み終わりの糸でしぼり止めする

○ ＝ くさり編み
● ＝ 引き抜き編み
× ＝ こま編み
∨ ＝ こま編み2目
　　編み入れる
∧ ＝ こま編み2目一度

頭目数表

段数	目数	増減
9	48目	増減なし
8	48目	＋6目
7	42目	＋6目
6	36目	＋6目
5	30目	＋6目
4	24目	＋6目
3	18目	＋6目
2	12目	＋6目
1	6目	

段数	目数	増減
19	12目	−6目
18	18目	−6目
17	24目	−6目
16	30目	増減なし
15	30目	−6目
14	36目	−6目
13	42目	−6目
10〜12	48目	増減なし

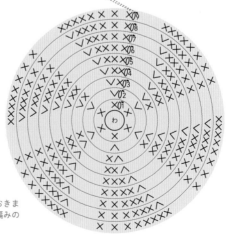

事前準備
イエローベージュの糸で1段めを編んでおきます。編み方はP.29の「輪の作り目とこま編みの編み入れ方」と最初から最後まで同じです。

◎こま編み2目編み入れる

1

2

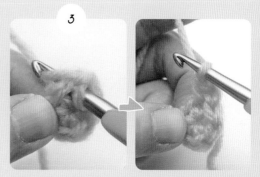

3

1段めができたところ。円の中心が頭頂部で、このまま目を増減させながら首元に向かって編んでいきます。

2段めを編みます。立ち上がりのくさり1目を編みます。

前段の1目めの頭に針を入れ、こま編みを編みます。

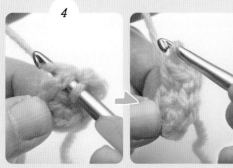

4

5

6

もう一度同じ目に針を入れ、こま編みを編みます。こま編みを2目編み入れたところ。

次も同様に、前段のこま編みの頭を拾ってこま編みを2目編み入れます。

こま編みを計12目編み、1目めのこま編みの頭に針を入れ、糸をかけて引き抜きます。2段めが編めました。

7

8

9

3段めを編みます。立ち上がりのくさり1目を編みます。

前段の1目めに針を入れ、こま編みを編みます。次の目はこま編みを2目編み入れます。

こま編みとこま編み2目編み入れるを繰り返して計18目編みます。

あみむすを楽しもう!

あみむすを作ってみましょう

あみむす髪型研究所

35

10

1目めのこま編みの頭に針を入れ、糸をかけて引き抜きます。3段めが編めました。

11

4段め以降も、編み図を見ながらこま編みとこま編み2目編み入れるを繰り返して編み、8段めまで編みます。

12

9段めから12段めは増減なしで編みます。

◎こま編み2目一度

13

13段めを編みます。立ち上がりのくさり1目を編み、続いてこま編みを6目編みます。

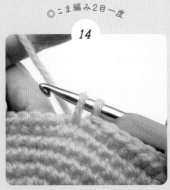

14

前段のこま編みの頭に針を入れ、糸をかけて引き出します。

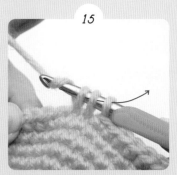

15

次の頭に針を入れ、針に糸をかけて引き出します。針に糸をかけます。

16

針にかかった3つのループの中から一度に引き出します。こま編み2目一度が編めたところ。

17

「こま編み6目＋こま編み2目一度」をあと5回繰り返し、計42目編みます。引き抜き編みをして13段めが編めました。

18

（写真は編み始めを上にしています）

14段め以降も、編み図を見ながらこま編みとこま編み2目一度を指定通りに繰り返して編み、19段めまで編みます（16段めだけは増減なし）。頭のできあがり。糸端は40cm程度残して切ります。

段の最後まで編み終えたら、指定の長さで糸を切り、ループを少し大きめにした状態で針を抜きます。

ループを広げるように糸を引っ張り、そのまま糸を抜きます。

これで目が解けることなく編み終えました。糸端を残す必要がない場合はとじ針に糸を通し、目立たないところに数目通して糸端を切って処理します。

2.胴体を編む

★胴体の下を生成りの糸で編みます（このプロセスで説明します）

    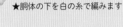

★胴体の下を白の糸で編みます

★胴体の下を黒の糸で編みます。アニーちゃんのみ、胴体の上はオレンジベージュで編みます

★胴体の上をグレー、胴体の下を黒で編みます

胴体の編み図　　1枚　※わたを入れる

編み終わりの糸で頭にとじつける

糸：□ = 生成り
　　□ = イエローベージュ
◁ = 糸をつける
◀ = 糸を切る

胴体目数表

段数	目数
14～16	12目
13	12目(-6目)
12	18目(-6目)
5～11	24目
4	24目(+6目)
3	18目(+6目)
2	12目(+6目)
1	6目

◎糸のつけ替え

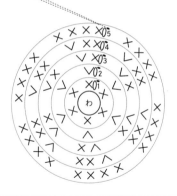

19

20

胴体は生成りの糸で編み始めます。おしりから首元に向かって編んでいきます。P.29の「輪の作り目とこま編みの編み入れ方」を参照して作り目をし、編み図の通りに4段めまで増やし目をしながら編みます。

5段めから11段めまでは増減なしで編みます。7段めの最後の1目を編んでいるところ。

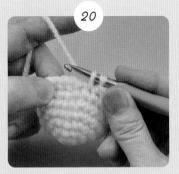

21

8段めからはイエローベージュの糸に替えます。こま編みの最後の引き抜きの時に、生成りの糸は後ろに流し、8段めからのイエローベージュの糸を左手にかけて用意します。

あみむすを楽しもう！
あみむすを作ってみましょう
あみむす髪型研究所

22

針に糸をかけて、針にかかっている
生成りの2つのループの中から一度
に引き出します。

23

引き抜いたところ。ループの色が替
わりました。そのまま1目めのこま
編みに針を入れて引き抜けば、7段め
が終了です。

24

8段めを編みます。その際、前段まで
の生成りの糸と、編み初めのイエロー
ベージュの糸端を一緒に編みくるみ
ます。

25

余り糸を横にして編み地に這わせ、
針に糸をかけて引き出す時に一緒に
目の中にくるんでいきます。

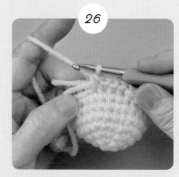

26

4目ほど編んだら、編みくるんだ糸を
編み地のきわで切ります。

27

8〜11段めは増減なしで編みます。
11段めまで編めたところ。

28

12、13段めは減らし目をしながら編
み、14〜16段めは再び増減なしで編
みます。胴体のできあがり。糸端は
40cm程度残して切ります。

┇━ POINT ━┇

胴体の下が黒、または白いあみむすの場合

胴体の編み始めを黒（ま
たは白）糸にします。糸の
つけ替えはこの写真プロ
セス解説と同様、8段め
からです。

3.手、足、耳を編む　★手と耳は、アニーちゃんはオレンジベージュ、ゾー子ちゃんはグレーで編みます

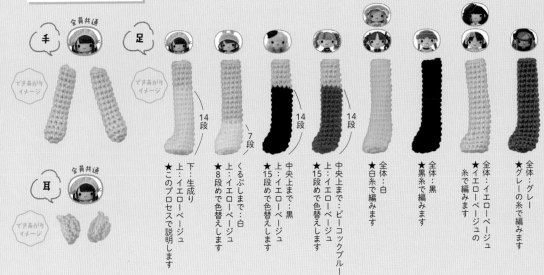

手　全員共通　足

★下：生成り
上：イエローベージュ
★このプロセスで説明します

★くるぶしまで：白
上：イエローベージュ
8段めで色替えします

★中央上まで：黒
上：イエローベージュ
15段めで色替えします

★中央上まで：ピーコックブルー
上：イエローベージュ
15段めで色替えします

★全体：白
白糸で編みます

★全体：黒
黒糸で編みます

★全体：イエローベージュ
イエローベージュの糸で編みます

★全体：グレー
グレーの糸で編みます

耳　全員共通

足の編み図　2枚　※わたを入れる

糸：□＝生成り
　　□＝イエローベージュ

╳ ＝こま編み（すじ編み）
∧ ＝こま編み2目一度（すじ編み）

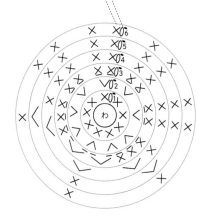

編み終わりの糸で胴体にとじつける

耳の編み図　2枚

糸：□＝イエローベージュ

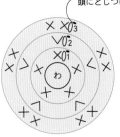

編み終わりの糸で頭にとじつける

耳目数表

段数	目数
3	10目
2	10目(+5目)
1	5目

足目数表

段数	目数
6～19	11目
5	11目(-2目)
4	13目(-3目)
3	16目(-2目)
2	18目(+9目)
1	9目

手の編み図　2枚　※わたを入れる

糸：□＝イエローベージュ

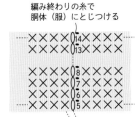

編み終わりの糸で胴体（服）にとじつける

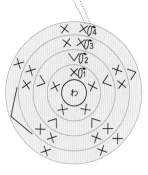

編み終わりの糸で胴体（服）にとじつける

手目数表

段数	目数
5～14	8目
4	8目(-2目)
3	10目
2	10目(+5目)
1	5目

29

イエローベージュの糸と生成りの糸で編みます。P.29の「輪の作り目とこま編みの編み入れ方」を参照して作り目をし、編み図の通りに編み進め、手、足、耳をそれぞれ2枚作ります。糸端はそれぞれ30cm程度残します。足の使用糸はあみむすの種類によって違います。P.39をご参照ください。

30

耳と足以外のパーツにわたを入れます。頭と胴体はしっかりめに入れます。

31

頭はやや横長の楕円に、顔部分が少し平たくなるように外側から整えながら詰めます。

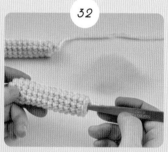

32

手は上の方までは詰めず、全体の8分目くらいまでにします。細かい部分はピンセットや棒を使って詰めましょう。

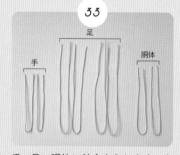

33

手、足、胴体に針金を入れます。まず針金を用意します。12cm2本（手用）、17cm4本（足用）、13cm2本（胴体用）にニッパーで切り、それぞれ半分に折り曲げます。

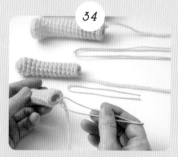

34

手と足にそれぞれ針金を入れます。手には1本ずつ、足には2本を一緒にまとめて曲げた方から入れます（足はわたを入れる前に針金を入れます）。

35

手に針金を入れたところ。糸端を下にした状態で編み地の中を見た時、わたの下と編み地の間に針金が入っているようにします。

36

足は、わたを入れる前につま先を針金と一緒に曲げて形を整えます。

37

足にわたを詰めます。つま先にも入れ、つま先の形を再度整えます。手と同様上の方までは詰めず、全体の8分目くらいまでにします。細かい部分はピンセットや棒を使って詰めましょう。

38

足に針金を入れたところ。糸端を下にした状態で編み地の中を見た時、わたの下と編み地の間に針金が入っているようにします。

POINT

㉟、㊱のように針金を入れると、手の針金は内側(胴体に沿った部分)に、足の針金は体の後ろ側に入ったことになります。

39

胴体に針金を入れたところ。針金はわたの下と編み地の間に2本一緒に入れます。背中側に入ったことになります。

5. 顔のパーツをつける

できあがりイメージ　全員共通

◎ストレートステッチ

40

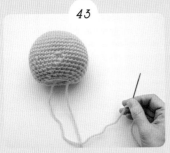

編み地から1.5cmほどで針金を切ります。針金の端にセロハンテープを2〜3周巻いてまとめておきます。

41

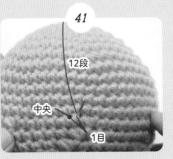

12段
中央
1目

鼻をストレートステッチします。とじ針にイエローベージュの毛糸を通し、1本どりで玉結びをして頭の下(首元)から針を入れます。頭の編み始めから下に12段、中央より1目右に針を出します。

42

2目

2目左に針を入れます。

43

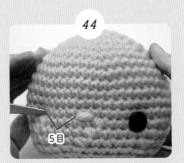

㊶と㊷を5〜6回繰り返して刺します。鼻のできあがり。糸は針につけたままにしておきます。

44

5目

目をつけます。まず鼻の端から5目横に、ピンセットや棒などを差し込んで小さな穴をあけます。

45

鼻をステッチした時の針を使い、先ほどつけた穴から針を出し、目玉ボタンの穴に通して再度同じところに針を入れます。

あみむすを楽しもう!

あみむすを作ってみましょう

あみむす型紙研究所

41

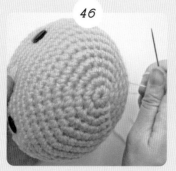

46

針は後頭部から出し、目が少しくぼむ
ようにやや強めに糸を引っ張ります。

47

後頭部で玉止めをし、糸を切ります。

48

目のできあがり。

49

2段

口を縫いつけます。縫い針に3本取り
にした刺しゅう糸を通し、玉結びを
して頭の下（首元）から針を入れます。
鼻の右端の2段真下から針を出しま
す（ここでは6本どりにして使ってい
ます）。

50

ストレートステッチをします。鼻の
左端の2段真下に針を入れ、首元か
ら出します。

51

口角を上げて笑った形になるように
刺しゅう糸をゆるませます。

52

刺しゅう糸にボンドをつけて乾かし、
形を固定させます。

53

首元から出した糸はわたの上で玉止
めをし、糸を切って処理します。

◎しぼり止め

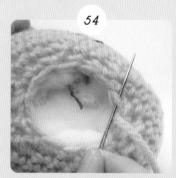

54

頭の編み終わりをしぼり止めします。
頭を編み終えて余った毛糸をとじ針
に通します。頭の編み終わりの目の、
右側半目をとじ針で拾います。

55

糸を通したところ。

56

続いてその上の目の、左側半目を拾います。

57

糸を通します。この時はまだ強く引き締めずに通していきます。

6.手以外のパーツを組み合わせる

◎巻きかがり

58

同様に左右交互に糸を通していき、一周したら糸を引き締めます。

59

穴を小さくして玉止めをし、糸をきわで切ります。

60

耳をつけます。耳を編み終えて余った毛糸をとじ針に通し、頭の編み始めから下に11段、目の端から横に3目のところに耳の上が来るように置きます。

11段

3目

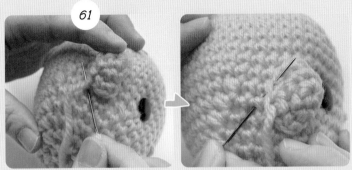

61

耳の裏と頭を巻きかがりで縫いつけていきます。耳の半目と、その横の頭の目を拾い、糸が横に渡るように縫いつけます。耳の下から上に向かって巻きかがっていきます。

62

耳の裏の上まで縫いつけたら頭を持ち替え、耳の表を巻きかがります。一周したら玉止めをし、見えないところに針を通して糸を切ります。

63

もう片方も同様につけます。耳を縫いつけたところ。

・ TIPS　玉止めと糸の処理

巻きかがりを一周終えたら、編み地のすぐそばで玉止めをします。

編み地の裏側など、正面からは目立たないところに針を通し、そのまま糸を出します。

糸をやや強めに引っ張り、編み地のきわで切ります。玉が編み地の中に隠れ、きれいに処理できました。

64

3段

胴体と頭を縫い合わせます。胴体から出ている針金を、頭の下部の穴（最後に引き締めた部分）に差し込みます。口から3段下に胴体が来るように調節します。

65

胴体を編み終えて余った毛糸をとじ針に通し、胴体の編み終わりと頭の目を拾いながら一周巻きかがります。

66

頭と胴体を縫い合わせたところ。

67

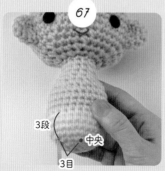

3段
中央
3目

足をつけます。胴体の生成り色部分から下に3段、中央から3目分あけてピンセットや棒などを2ヶ所差し込み、小さな穴をあけます。

68

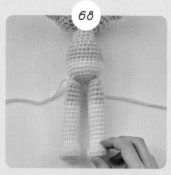

針金を差し込んで左右のバランスを見ます。つま先が前を向いているかもチェックしましょう。足と足の間が4目あくようにします。

69

足を編み終えて余った毛糸をとじ針に通し、胴体に足の表側から半目ずつ拾って巻きかがります。表側を縫いつけたら胴体を持ち替え、裏側を巻きかがります。

70

71

一周したら玉止めをし、見えないところに針を通して糸を切ります。反対の足も同様に縫い合わせます。

足と胴体を縫い合わせたところ。素体のできあがり。手はワンピースを編み終えた時につけます。

あみむすの体のできあがり！お疲れ様でした♡

次はお洋服を作っていくよ♪

STEP 2

服を編み、手をつける

めいどるちゃんの服（ワンピース、エプロン、靴、カチューシャ）を作っていきます。
服はそれぞれのあみむすで編み図が違いますが、手のつけ方は共通です。

STEP 1
素体を作る

イマココ

STEP 2
服を編み、手をつける

STEP 3
髪の毛を植毛する

STEP 4
仕上げ

STEP 2 の手順

1. ワンピース本体を編む
2. 手をつける
3. ワンピースの袖を編む
4. エプロン本体を編む
5. エプロンの袖を編む
6. 靴を編む
7. カチューシャを編む

用意するもの

材料

・ハマナカピッコロ ＃41（クリーム）…9g
・ハマナカピッコロ ＃25（山吹）…12g
・手芸わた…少々

用具

・かぎ針4/0号
・とじ針
・はさみ

できあがりイメージ

★身頃部分のみゾー子ちゃんと共通

胴体3段め、編み終わり部分に糸をつけて
ワンピース本体を編み始める

ワンピース
1枚　糸：□=山吹

∨ =こま編み
2目編み入れる
（すじ編み）

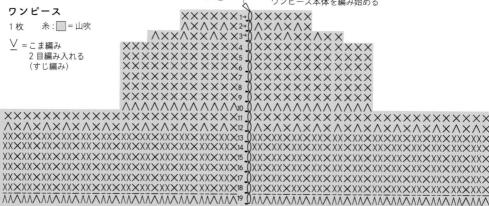

仕上がり

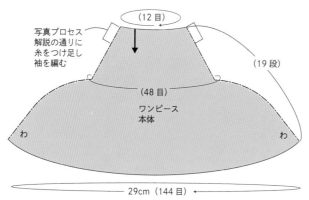

（12目）

写真プロセス
解説の通りに
糸をつけ足し
袖を編む

（19段）

（48目）
ワンピース
本体

わ　　　　　　　　わ

29cm（144目）

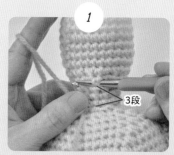

1

3段

ワンピースの首周りからスカート裾に向かって編んでいきます。素体を逆さに持ちます。胴体の背中側、編み終わりの上から3段めに山吹の糸をつけます。

2

立ち上がりのくさり1目を編みます。

3

胴体の3段めの目を拾いながら、こま編みを12目編んで一周させます。

4

1目めのこま編みの頭に針を入れ、糸をかけて引き抜きます。1段めが編めました。

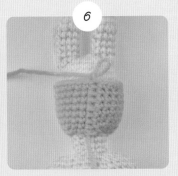

2段めからは素体の目は拾わず、1段めのこま編みの頭を拾いながら編んでいきます。こま編みとこま編み2目編み入れるを編み図の通りに繰り返します。2段めの途中を編んでいるところ。

9段めまで編めたところ。上半身を編みくるんだ状態になります。本来手がつく部分もそのまま編みくるみます。

10段めは全ての目でこま編み2目編み入れるを編みます。

11段め以降も編み図の通りに編み、18段めまで編みます。

19段めは全ての目でこま編み2目編み入れるをすじ編みで編みます。

裾まで編めたところ。ワンピース本体が編めました（写真は素体を表にして頭を上にしたところ）。

◆ **2. 手をつける**

てきあがりイメージ

全員共通 ★ぴかりちゃんの手の差し込み位置は、トップスの編み始めから数えて2段下です。みやびちゃんは作り方ページを参照します。

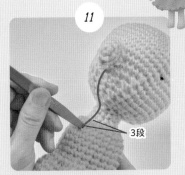

3段

手をつけます。素体を作る際に作っておいた、わたと針金が入っている手を2本用意します（P.40参照）。耳の真下のライン、ワンピースの編み始めから数えて3段下のところにピンセットや棒などを差し込み、小さな穴をあけます。

針金を差し込みます。

手を編み終えて余った毛糸をとじ針に通し、胴体に手の上側から半目ずつ拾って巻きかがります。

14

上側を縫いつけたら胴体を持ち替え、下側を巻きかがります。一周したら玉止めをし、見えないところに針を通して糸を切ります。反対の手も同様につけます。

15

手とワンピースを縫い合わせたところ。

3.ワンピースの袖を編む

できあがりイメージ

★袖部分のみゆめぽぽちゃんと共通。
ゆめぽぽちゃんのワンピースは別の編み図です

ワンピースの袖の編み図

2枚　糸： □ =山吹

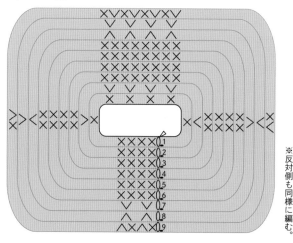

※反対側も同様に編む。

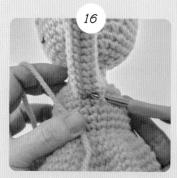

16

ワンピースの袖を編みます。左手側から編みます。手の右下のワンピースの目を針で拾って山吹の糸をつけます。

17

立ち上がりのくさり1目を編み、ワンピースの目を横に拾ってこま編みを4目編みます。

18

ワンピースの目を上に1段拾ってこま編みを1目編みます。

19

同様にワンピースの目を横に4目拾ってこま編みを4目、下に1段拾ってこま編みを1目編み一周させます。1目めのこま編みの頭に針を入れ、糸をかけて引き抜きます。1段めが編めました。

20

2段めからは手をぐるっと編みくるむようにしながら、編み図の通りに編み進めます。7段めのこま編み2目一度を編んでいるところ。

21

編み図の通りに9段まで編みます。編み終わりの糸はとじ針で編み地の裏の目立たないところに数目通し、処理します。

22

右手側も、左手側と同様に編んでいきます。糸のつけ位置は左手と一緒です（手の右下）。

23

とじ針に山吹の糸を通し、玉結びをします。袖の7段めで減らし目した部分に内側から外側へ針を通し、袖を少し肩側に上げます。

24

袖の編み地だけを拾いながら5〜6針縫い、袖を1周して糸を少し引きしぼります。縫い終わりは玉止めをし、目立たないところに針を通して糸処理します。反対側も同様に縫い止めます。

25

ワンピースの袖のできあがり。

● **4.エプロン本体を編む** てきあがりイメージ  ★めいどるちゃんオリジナルの編み図です（同じエプロンを着るあみむすはいません）

エプロン本体の編み図

1枚　糸：□=クリーム　■=山吹　✕=こま編み（うね編み）

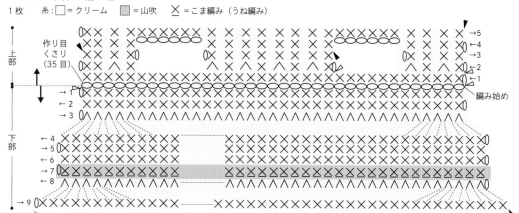

（140目）

49

26

エプロンを編みます。クリームの糸で編んでいきます。まずはエプロンの胸からスカート裾に向かって「下部」を編んでいきます。くさり編みを35目編みます。

27

編み図の通りに9段めまで編みます。7段めのみ山吹の糸に替えて編みます（糸のつけ替えのしかたはP.37〜38の手順 21〜23 を参照）。下部が編めました。編み終わりの糸は40cm程度残して切ります。

28

次に「上部」（胸上から肩）を編んでいきます。最初に編んだ、作り目のくさり編みの手前側半目を拾います。

29

立ち上がりのくさり1目を編み、続けてこま編みを編みます。このとき、胸下を編み始めた時の余り糸と、先ほど糸をつけた時の余り糸の2本を編みくるみながら編みます（編みくるみのしかたはP.38の手順 24〜26 参照）。

30

1段めを編み終えたら、立ち上がりのくさり1目を編み、編み地を返します。

31

こま編みを2目、こま編み2目一度を1目、こま編みを1目編みます。

32

立ち上がりのくさり1目を編み、編み地を返します。こま編みを4目編み、糸を切ります。

33

「上部」の編み始めから13目めの、こま編みの頭を拾って糸をつけ、立ち上がりのくさり1目を編みます。

34

「こま編みを1目とこま編み2目一度を1目」を4回繰り返します。

35

立ち上がりのくさり1目を編み、編み
地を返します。こま編みを8目編み、
糸を切ります。

36

「上部」の編み始めの、こま編みの頭を
拾って糸をつけ、立ち上がりのくさり
1目を編みます。

37

「こま編みを1目とこま編み2目一度を
1目」を2回繰り返します。

38

立ち上がりのくさり1目を編み、編み
地を返します。こま編みを4目編みま
す。

39

4段めを編みます。立ち上がりのくさ
り1目を編み、編み地を返します。こ
ま編みを4目編みます。

40

続いて、くさり6目を編み、6目分飛
ばしたところからこま編みを8目編
み、くさり6目を編みます。そのあと
こま編みを4目編み、4段めが編めた
ところ。

41

5段めを編みます。立ち上がりのくさ
り1目を編み、編み地を返します。こ
ま編みを4目編みます。

42

4段めのくさり編みを編みくるむよう
にしてこま編みを編んでいきます。
くさりの下にかぎ針を通し、糸を拾
います。

43

こま編みが1目編めたところ。

44

同様にしてこま編みを計6目編んでいきます。

45

その後は編み図の通りにこま編みを編んでいき、前段がくさり編みの部分はこま編みで編みくるみます。

46

5段めの最後まで編め「上部」が編めました。「下部」を編み終えた糸だけは残し、それ以外の編み終わりの糸はとじ針で編み地の裏の目立たないところに数目通し、処理します。

◆ 5.エプロンの袖を編む ★めいどるちゃんオリジナルの編み図です

エプロンの袖の編み図
2枚　糸：□=クリーム

47

エプロンの袖を編みます。左手側から編みます。袖ぐりの一番右下端の頭を針で拾い、クリームの糸をつけます。

48

下の段はこま編みを6目編み、そのまま時計回りにこま編みを編んでいきます。左右は写真の印の部分を拾います。

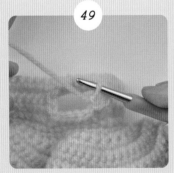

49

一周編み終えたら引き抜き編みをし、糸を切ります。

50

2段めを編みます。1段めの7目めに糸をつけて立ち上がりのくさり1目を編み、こま編み2目編み入れるを編みます。

51

編み図の通りに編み進め、こま編み2目編み入れるを10目編みます。前段のこま編みに引き抜き編みをし、糸を切ります。

52

反対側の袖も同様に編みます。編み終わりの糸はとじ針で編み地の裏の目立たないところに数目通し、処理します。

53

エプロンの袖が編め、エプロン全体ができたところ。

54

素体のワンピースの上にエプロンを着せます。編み地の端が背中側に来るように着せます。

◎巻きかがり

55

裏側を巻きかがりしてとじます。まずエプロンの裾の編み終わりの糸をとじ針に通します。

56

編み地の端をつき合わせ、左右の目を1目ずつ針で拾います。

57

同様に針を右から左に刺して目を拾っていき、上へ巻きかがっていきます。

58

上までかがったら、編み地の裏の目立たないところに数目通し、糸処理します。

59

エプロンのできあがり。

Back style

靴本体の編み図 2枚　糸：☐＝山吹

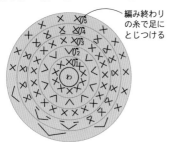

編み終わりの糸で足にとじつける

ストラップの編み図

2枚

糸：☐＝山吹

作り目くさり（10目）

60

靴本体を編みます。P.29の「輪の作り目とこま編みの編み入れ方」を参照して山吹の糸で編み始め、4段めは編み図の通りにすじ編みをします。

61

5段めまで編めたら20cm残して糸を切ります。同じものをもう1つ編みます。編み始めの糸は靴の中に入れ込みます。

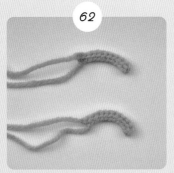

62

ストラップを編みます。編み図の通りにくさり編みと引き抜き編みで編みます。同じものを2つ編みます。

63

靴本体をあみむすの足に履かせます。編み終わりの糸が出ている方が後ろです。つま先に少量のわたを詰め、靴の形を整えます。

64

編み終わりの糸をとじ針に通し、靴の後ろ側とあみむすの足を一緒に縫い止めます。3針程度縫い、玉止めをして目立たないところに通し、糸処理します。

65

ストラップの編み終わりの糸をとじ針に通し、靴本体の内側から2目程度縫いつけます。

66

そのまま反対側まで針を貫通させ、もう片方のストラップの端を2目程度縫いつけます。

67

もう片方の足も同様にストラップを縫い、靴が履けたところ。

7. カチューシャを編む

★めいどるちゃんオリジナルの編み図です
（同じカチューシャをつけるあみむすはいません）

カチューシャの編み図

1枚　糸：□＝クリーム　■＝山吹

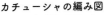

作り目くさり（30目）

T＝中長編み　V＝長編み2目編み入れる

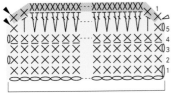

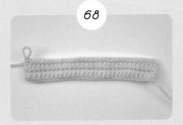

68

カチューシャを編みます。クリームの糸でくさり編みを30目編み、1～3段めは往復編みでこま編みを編みます。4段めはこま編みのうね編みを編みます。4段めが編めたところ。

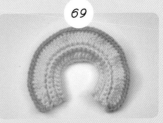

69

5段めは編み図の通りにこま編み、中長編み、長編み2目編み入れるを編みます。6段めは山吹の糸につけ替え、こま編みを編みます。編み終わりの糸はとじ針で編み地の裏の目立たないところに数目通し、処理します。

STEP 3　髪の毛を植毛する

めいどるちゃんの髪の毛を作っていきます。それぞれのあみむすで前髪や後ろ髪のデザインが違いますが、こちらが植毛のしかたの基本となります。

 STEP1　素体を作る

 STEP2　服を編み、手をつける

 イマココ ➡ STEP3　髪の毛を植毛する

 STEP4　仕上げ

STEP3の手順

1. 植毛用の糸を準備し、つむじを植毛する
2. 前髪を植毛する
3. 後ろ髪を植毛する
4. 追加の髪の毛を植毛する
5. 前髪をおでこに縫いつける
6. 後ろ髪を整えて仕上げる

用意するもの

材料　・ハマナカピッコロ＃17（こげ茶）…15g　　用具　・かぎ針4/0号　・とじ針　・ボンド　・はさみ

1. 植毛用の糸を準備し、つむじを植毛する

 できあがりイメージ

 Aタイプ共通

★用意する毛糸の色は各あみむすで異なります

1

髪の毛用の糸を用意します。40cmに切ったこげ茶の毛糸を100本程度用意し、つむじ（頭頂部）から植毛していきます。糸を2本取り、半分に折って端を揃えます。

2

頭を編んだ時の1段め（頭頂部）にかぎ針を差し込んで出し、糸を折った部分に針をかけます。

あみむすを楽しもう！

あみむすを作ってみましょう

あみむす髪型研究所

55

3

糸を引っ張り出し、小さな輪を作ります。

4

針を糸から外し、輪に糸端を通して左方向に引っ張ります。

5

1～4を繰り返し、頭の1段め6目全てに糸をつけます。つむじができたところ。

◆ 2.前髪を植毛する   ★用意する毛糸の色は各あみむすで異なります

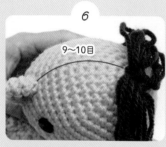

6

9～10目

次に前髪を植毛します。つむじの髪は右側に寄せておきます。先ほどと同様2本どりの糸で、つむじから耳に向かって全9～10目分糸をつけます（作品によって若干目数が変化しますので調節します）。

7

1束めは、先ほど植毛したつむじのすぐ横に針を入れます。

8

前髪が1束ついたところ。

9

続けて1段ずつ、耳に向かって植毛していきます。

10

片側に前髪がつきました。

11

反対側も同様に9～10目分つけます。前髪が全てつきました。

◆ 3.後ろ髪を植毛する

できあがり
イメージ

Aタイプ共通 ★用意する毛糸の色は各あみむすで異なります

12

13

14

次に後ろ髪を植毛します。つむじと前髪は顔側
へ流しておきます。前髪のすぐ後ろの段を拾っ
ていきます。1束めは、先ほど植毛したつむじの
すぐ左横に針を入れます。2本どりの糸で、つむ
じから耳に向かって全9〜10目分糸をつけます。

後ろ髪が1束ついたところ。

続けて1目ずつ、耳に向かって植
毛していきます。

15

16

17

片側に後ろ髪がつきました。

体を回転させて上から見たところ。右
側が顔です。

反対側も同様に9〜10目分つけます。
後ろ髪が全てつきました。

◆ 4.追加の髪の毛を植毛する

できあがり
イメージ

Aタイプ共通 ★用意する毛糸の色は各あみむすで異なります

18

19

17 でつけた後ろ髪のすぐ後ろの段に、
追加の髪の毛を植毛します。植毛し終
えた髪の毛は全て前へ流しておきま
す。2本どりの糸で、つむじから左右
5〜6目分ずつ糸をつけます。

この工程を加えることで地肌が見え
ることがなくなります。追加の髪の
毛がついたところ。これで植毛は終
了です。

5.前髪をおでこに縫いつける

 できあがり
イメージ

★前髪のデザインは各あみむすで異なります。
詳しくはP.61をご参照ください

20

前髪をおでこに縫いつけていきます。左側の前髪を6束分取り、左奥に流しておきます。残りの右側は前へ流します。

21

右側の糸を1本、とじ針に通し、目の上部から1段上、鼻からは2段上、目頭の1目右のラインに針を入れます。

22

糸をおでこの中に差し込みます。

23

針は後頭部から出し、針から糸を抜きます。

24

21〜23を繰り返しながら、右に向かって前髪を揃えて縫いつけていきます。

25

残りの1束分(4本程度)を残して、右端まで縫いつけます。この時、こめかみ辺りの前髪が多く感じる場合は、植毛した糸を2束分程度外しても構いません。

26

残しておいた左側部分は、写真のようにA(1束)、B(1束半)、C(3束半)に分けます。

27

Cの毛束を右側と同様におでこに縫いつけます。おでこは3目分程度見えるくらい残し、耳に向かって縫いつけます。

6.後ろ髪を整えて仕上げる

 できあがり
イメージ

★後ろ髪のデザインは各あみむすで異なります。詳しくはP.63をご参照ください

28

Bの毛束は耳の前に下ろし、Aの毛束は耳の後ろに流します。前髪のできあがり。

29

後頭部から出ている前髪の残り糸を、はさみできわから切ります。

30

頭頂部の糸を2束分取り、前方の左右に流しておきます。

31

後ろ髪を上げた状態で素体をうつぶせに寝かせ、後頭部にボンドをまんべんなく塗ります。後ろの髪の毛から順に、1束ずつまっすぐ後頭部に下ろします。

32

後頭部の地肌が隠れるように、丁寧に指でならしながら貼りつけます。後頭部に髪の毛が全て貼れたら、残りの後ろ髪はそのまま下ろします。

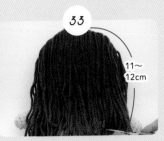

33

11〜12cm

後ろ髪を揃えて切ります。頭頂部から約11〜12cm程度、おしりが少し隠れるラインで揃うようにはさみでまっすぐ切っていきます（三つ編みなどにアレンジをする場合はやや長めにしても構いません）。

34

耳の上部と前髪にボンドをつけ、耳の前に下ろしていた前髪を貼りつけます。

35

しっかり指で押さえて固定します。

36

30で残しておいた髪の毛を頭の上部に貼ります。髪の毛を植毛した目の部分にボンドをつけます。

37

しっかり指で押さえて固定します。反対側も同様に貼りつけます。この工程を加えることで植毛部分の凹凸が隠れ、仕上がりが美しくなります。

38

下ろしている左右の前髪を、後ろ髪の長さに合わせて切ります。

39

Back style

植毛のできあがり。

STEP 4

仕上げ

カチューシャなどの小物をつけ、
めいどるちゃんを仕上げていきます。

STEP 1
素体を作る

STEP 2
服を編み、
手をつける

STEP 3
髪の毛を
植毛する

イマ
ココ ➡ STEP 4
仕上げ

STEP4の手順

1. カチューシャをつける
2. カチューシャとエプロンにサテンリボンをつける
3. ほお紅をつける
4. 靴下にレースを巻く

用意するもの

材料
・ほお紅
・サテンリボン
　3mm幅(オレンジ)…35cm
・コットンレース
　6mm幅(白)…15cm

用具
・綿棒
・ボンド
・はさみ

1.カチューシャをつける

★頭にアクセサリーを
つけているあみむすの参考に

1

カチューシャをつけます。こま編みの編み地の裏にボンドをつけます。

2

前髪と後ろ髪の境目を隠すようにしっかりと押さえて貼りつけます。取れてしまう場合は糸で数ヶ所縫いつけてもよいでしょう。

2.カチューシャとエプロンにサテンリボンをつける

★服にビーズやパーツが
ついているあみむすの参考に

3

サテンリボンを10.5cmずつ3本切り、蝶結びにします。カチューシャの両側とエプロンの胸元にボンドで貼りつけます。

3.ほお紅をつける

全員共通

4.靴下にレースを巻く

★ゆうびちゃんと共通。
使用するレースの種類は異なります

4

綿棒にほお紅をとり、トントンと軽くほっぺにつけます。

5

レースを6cmずつ2本切り、足の、靴下と肌の境目の部分に巻くようにボンドで貼りつけます。3mm程度重なるようにします。

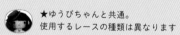

Congratulations!

Back style

できあがり

あみむす髪型研究所

あみむすは髪型や髪色でも印象が大きく変わります。
あみむす作りのポイントとなる髪型をマスターしましょう！

あみむすのタイプを知ろう　AタイプとBタイプがあります。

 後ろ髪を下ろすタイプ
→「後頭部パーツ」は必要ありません

 後ろ髪を結ぶタイプ
→「後頭部パーツ」が必要です（P.64〜）

髪の毛の制作手順
1. 植毛　2. 前髪を差し込んで作る
3. ウェーブの子は後ろ髪をウェーブにする
（ストレートの子はそのまま下ろす）
★手順は P.55 からの「髪の毛を植毛する」とほぼ一緒です

髪の毛の制作手順
1. 後頭部パーツを編み、頭に巻きかがる
2. 前髪を植毛し、おでこに差し込む
3. 後ろ髪を作る
★前髪を差し込んだ糸がそのまま後ろ髪になります。
糸を出す場所に気をつけましょう

前髪

 POINT

A Aタイプのあみむすは、P.55からのSTEP3「髪の毛を植毛する」のプロセス手順通りに作ります。手順 ⑲ まで進めたら、そのあとはP.62の①〜⑤のデザインごとに前髪を差し込みます。植毛については6体全て同じです（毛糸の本数、長さ、束の数、植毛する場所）。使用する糸の色はそれぞれの作り方ページで確認します。

B Bタイプのあみむすは、P.64からの「後頭部パーツの作り方と前髪の植毛のしかた」のプロセス手順通りに作ります。手順 ⑯ まで進めたら、そのあとはP.63〜64の①〜⑤のデザインごとに前髪を差し込みます。植毛については4体全て同じです（毛糸の本数、長さ、束の数、植毛する場所）。使用する糸の色はそれぞれの作り方ページで確認します。

① **左開き**

向かって左側のおでこが見えているスタイル。STEP3の「髪の毛を植毛する」（P.55～）の通りに作ります。うさかわちゃんはBの毛束（P.58の手順㉖）を耳の前に差し込みます。

めいどるちゃん

 前　横

左右とも
まっすぐ下ろす

うさかわちゃん

 前　 横

耳の前に
差し込む

長さは耳の下に
揃える

---

② **中央開き**　中央のおでこが見えているスタイル。
3人とも、中央を5目ほど空けて前髪を左右対称におでこに差し込みます。

ミンティちゃん　みやびちゃん

 前　

左右に毛束を1.5束（6本）ほど
残しておき、耳の前に差し込む
★差し込んだ糸は後ろ髪に

 横

耳の2段下に差し込む

アニーちゃん

 前　横

左右に毛束は残さず、
全て差し込む
★差し込んだ糸は後ろ髪に

---

③ **ぱっつん**

前髪がまっすぐで、おでこが見えないスタイル。左右の毛束は1.5束（6本）ほど残します。残りの前髪全てを放射状におでこに差し込みます。

ゆうびちゃん

 前　 横

左右とも
まっすぐ下ろす

---

④ **右開き**

向かって右側のおでこが見えているスタイル。2人とも、STEP3の「髪の毛を植毛する」（P.55～）の手順⑲まで進めたら、続きはP.67の手順⑰からを見て前髪を差し込みます。

スチームちゃん

 前　 横

左右に毛束を1.5束
（6本）ほど残しておき、
耳の前に差し込む

耳の2段下に
差し込む

ぴかりちゃん

 前　3束植毛する　 横

左右に毛束は残さず、
全て差し込む
★差し込んだ糸は後ろ髪に

2色の糸を
左右にバランス
よく出す

---

⑤ **左流し**　前髪を左方向へ流すスタイル。左右の毛束は各1～1.5束（毛糸4～6本）ほど残します。
残りの毛束は左方向へ流し、耳の前～上～後ろに差し込みます。

ゆめぽぽちゃん

 前　横

左右とも
まっすぐ下ろす

ゾー子ちゃん

 前　 横

左右とも
まっすぐ下ろす

左横
（共通）

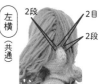

2段　2目
2段

耳の前2段、耳上2目、
耳の後ろ2段分に前髪を差し込む

後ろ髪

POINT --

使用する糸の色はそれぞれのあみむすの作り方ページで確認します。

① ②
共通

あらかじめ頭頂部の糸を2束分取っておきます。
前髪、後ろ髪とも仕上がってから、植毛した部分を隠すように
左右に1束ずつボンドで貼りつけます（P.59の手順㊱、㊲参照）。

---

① **直毛＆下ろし**

ストレートヘアの後ろ髪をそのまま下ろすスタイル。
STEP3の「髪の毛を植毛する」（P.55〜）の通りに作り
ます。

めいどるちゃん　ゆうびちゃん　ゾー子ちゃん

後ろ

---

② **ウェーブ＆下ろし**

ウエーブヘアの後ろ髪をそのまま下ろすスタイル。
STEP3の「髪の毛を植毛する」（P.55〜）の通りに最後ま
で作ったあと、下の手順でウエーブヘアを作ります。

うさかわちゃん　ゆめぽぽちゃん　スチームちゃん

後ろ

ウェーブヘアの作り方　　ここではわかりやすいように太い毛糸を使って説明しています

① 後ろ髪を全部で6本の毛束に分け、それ
ぞれ三つ編みをします。ヘアゴムか余り
毛糸で毛先を結びます（毛束の数を変え
ることで、ウエーブの細かさを調整する
ことができます）。

② スチームアイロンを毛束から10〜
15cm離して当てます。当てたあと
は三つ編みをほどかずに、そのまま
1日置きます。

③ 三つ編みをほどき、ウエーブを整え
ます。毛先をまっすぐに切り揃えま
す。

---

③ **直毛＆ツインテール**

後頭部パーツが必要です

耳横からのストレートヘアのツインテールスタイル。
P.64〜を参照して後頭部パーツを作って頭に巻きかが
り、そのあと前髪を植毛します。前髪に差し込んだ糸
をツインテールに使用します。

みやびちゃん

8目

後ろ

横

耳と同じ
ラインに

残しておいた2束分
の頭頂部の糸を左右
に分け、後頭部パーツ
と植毛部分の境目
を隠すようにとじ針
でうなじ部分に差し
込んで処理します。

④ **ウェーブ&ツインテール** [後頭部パーツが必要です]

耳の高い位置からのウエーブヘアのツインテールスタイル。P.64〜を参照して後頭部パーツを作って頭に巻きかがり、そのあと前髪を植毛します。前髪を差し込んだ糸をツインテールに使用し、下の手順でウエーブヘアにします。

ミンティちゃん 後ろ 7目

ぴかりちゃん

2.5cm 横 共通

残しておいた2束分の頭頂部の糸を左右に分け、後頭部パーツと植毛部分の境目を隠すようにとじ針でうなじ部分に差し込んで処理します。

ウエーブにしたあと
肩につく程度に切り揃える

ツインテールのウエーブヘアの作り方

1. 2本の毛束をそれぞれ三つ編みにします。ヘアゴムか余り毛糸で毛先を結びます。

2. スチームアイロンを毛束から10〜15cm離して当てます。当てたあとは三つ編みをほどかず、そのまま1日置きます。

3. 三つ編みをほどき、ウエーブを整えます。ミンティちゃんは結び目になる部分にサテンリボンを結びます。

⑤ **三つ編み** [後頭部パーツが必要です]

耳横から三つ編みにしたスタイル。P.64〜を参照して後頭部パーツを作って頭に巻きかがり、そのあと前髪を植毛します。前髪を差し込んだ糸で三つ編みにします。

アニーちゃん
後ろ 7目
横 耳の真ん中あたりから

残しておいた2束分の頭頂部の糸を左右に分け、後頭部パーツと植毛部分の境目を隠すようにとじ針でうなじ部分に差し込んで処理します。

後頭部パーツの作り方と前髪の植毛のしかた

手順

1. 後頭部パーツを編む
2. 頭に後頭部パーツを巻きかがる
3. 前髪を植毛する
4. 右開きの前髪を作る

用意するもの

材料	用具
・ハマナカピッコロ（それぞれの指定色）…15g	・かぎ針4/0号 ・とじ針　・はさみ

★ぴかりちゃんは#23（薄青）で編みます

事前準備 STEP2まで作ったあみむすを用意します（素体を作り、洋服を編んで着せたもの）。

後頭部パーツの編み図

糸：それぞれの指定色
1枚

編み終わりの糸で頭に巻きかがる

◯ = くさり編み
● = 引き抜き編み
✕ = こま編み
∨ = こま編み2目編み入れる

◆ 1. 後頭部パーツを編む

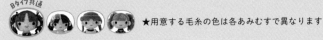

★用意する毛糸の色は各あみむすで異なります

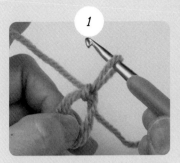

毛糸から糸を引き出し、輪の作り目（P.29参照）で作り目をします。立ち上がりのくさり1目が編めたところ。

輪の中にこま編みを7目編み、1目めの頭に針を入れて引き抜きます。1段めが編めたところ。

2段め以降は、編み図を見ながらこま編みとこま編み2目編み入れるを編み図通りに繰り返して編みます。8段めまで編めたところ。

◆ 2. 頭に後頭部パーツを巻きかがる

★用意する毛糸の色は各あみむすで異なります

9段めから11段めは増減なしで編みます。後頭部パーツのできあがり。糸端は50cm程度残して切ります。

後頭部に 4 で編んだ後頭部パーツを当てます。後頭部パーツを編み終えて余った糸が下に来るようにし、首と頭の境目の、くびれた部分に編み終わりが来るように当てます。

後頭部パーツの余り糸をとじ針に通します。とじ針で後頭部パーツ側の目を全目を拾い、左斜めに出します。

本体（後頭部）の目を拾い、糸を通します。

同様にして、糸が斜め左に渡るように巻きかがっていきます。

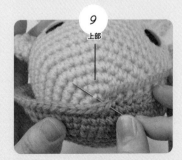

そのまま反時計回りに巻きかがっていきます。つむじは円形になっている上部を拾い、後頭部パーツで隠します。

あみむすを楽しもう！

あみむすを作ってみましょう

あみむす髪型研究所

65

一周巻きかがったところ。玉止めをし、見えないところに針を通して糸を切ります。後頭部のできあがり。

◆ 3. 前髪を植毛する  ★用意する毛糸の色は各あみむすで異なります

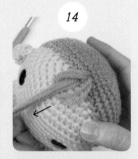

11 前髪の植毛用の毛糸を用意します。40cmに切った毛糸を40〜50本用意します。

12 つむじから植毛していきます。*11* の糸から2本取り、半分に折って端を揃えます。

13 つむじの真上の後頭部パーツにかぎ針を差し込んで出し、糸を折った部分に針をかけます。

14 糸を引っ張り出して小さな輪を作り、針を外します。その穴から糸端を通して引っ張ります。

◆ 4. 右開きの前髪を作る
  ★スチームちゃんとぴかりちゃんの前髪はこちらの手順で作ります

15 髪の毛が1束つきました。

16 同様に左右右に植毛していき、右に8束、左に8束、最初につけた中央の1束を含め計17束植毛します。

17 前髪をおでこに縫いつけていきます。右側の前髪を2.5束分取り、右奥に流しておきます。残りの左側は前へ流します。1束＝毛糸4本なので、右側の毛糸10本分を残しておく計算です。

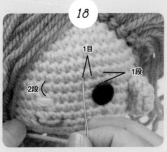

18

流しておいた左側の糸の、一番右側の1本をとじ針に通し、目の上部から1段上、鼻からは2段上、目頭の1目左のところに針を入れます。

19

針をおでこの中に差し込み、後頭部から出します。

POINT

後頭部へ出した糸はそのまま後ろ髪になります。耳の高い位置に出す子と、耳のすぐ後ろから出す子がいますので、それぞれ出し位置をP.63〜64で確認しておきましょう。出す糸が左右でほぼ同量になるようにします。

20

18と19を繰り返しながら、左に向かって前髪を揃えて縫いつけていきます。左側2.5束分（毛糸10本程度）を残して、左端まで縫いつけます。（写真は途中の状態）

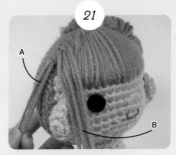

21

残った左側の毛束を、写真のようにA（1束）と、B（1束半）に分けます。

22

Aの毛束はそのまま耳の後ろに流し、Bの毛束は耳の前に縫いつけます。縫いつける位置はP.62で確認しておきます。

23

Aの毛束は、後頭部パーツと植毛部分の境目を隠すようにとじ針でうなじ部分に差し込んで処理します。

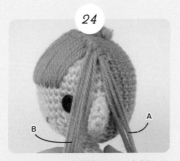

24

残しておいた右側部分も、左側と同様にA（1束）と、B（1束半）に分けます。左側と同じようにAとBの毛束を縫いつけます。

25

前髪と後頭部パーツのできあがり。

あみむすを楽しもう！

あみむすを作ってみましょう

あみむす髪型研究所

A:ワンピース　B:ベレー帽　C:靴　D:うさぎポシェット

● 材料

素体
【糸】‥‥‥‥‥ ハマナカピッコロ #45(イエローベージュ)11g、#1(白)2g、#29(茶)15g
【その他】‥‥‥ #25刺しゅう糸(赤)適量、目玉ボタンマーブル[8mm](黒)2個、ほお紅、手芸わた15g、針金[直径1.6mm](白)適量

服・小物
【糸】‥‥‥‥‥ ハマナカピッコロ #4(ピンク)20g、#46(薄ピーチ)4g
【その他】‥‥‥ トーションレース[15mm幅](白)30cm、リボンパーツ[1.5×3cm](ピンク)1個、サテンリボン[3mm幅](白)少々、ボタン[直径6mm](ピンク)2個、刺し目楕円[4.5mm](黒)2個、チェーン(金)14cm、丸カン(金)2個、#25刺しゅう糸(黒・ピンク)適量

● 用具

かぎ針3/0・4/0号、とじ針、縫い針、綿棒、ボンド、はさみ、ニッパー、ピンセット、セロハンテープ、ペンチ

● できあがり寸法

A:着丈7cm、B:8.5×6cm(耳除く)、C:2.5×1cm、D:3×6cm

● 編み方 ※素体・髪の毛の作り方・配色はP.33-67を参照してください。

1 素体の各パーツを編む。胴体と足は#45と#1で編む。手を編んでおく。
2 素体を逆さに持ち、胴体の編み終わりの上から3段めに糸をつけ、ワンピースを編む。
3 素体に手をつけ、脇に糸をつけて袖を編む(P.47〜48参照)。
4 ボタンをワンピースに縫いつける。
5 靴を編む。履かせて足に縫いつける。
6 髪の毛を作る(#39)。サテンリボン(白)を1ヵ所、髪の毛を少し束ねてリボン結びする。
7 ベレー帽とうさぎポシェットを編み、仕上げる。

A: ワンピース本体の編み図

1枚　糸： ▨ = ピンク

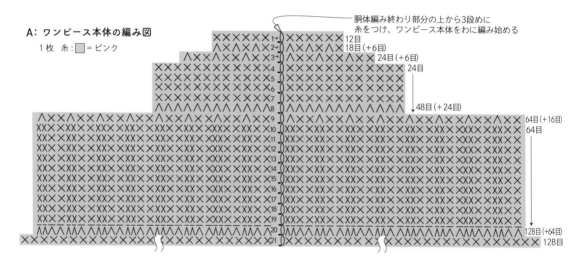

胴体編み終わり部分の上から3段めに糸をつけ、ワンピース本体をわに編み始める

12目
18目(+6目)
24目(+6目)
24目
48目(+24目)
64目(+16目)
64目
128目(+64目)
128目

A: 仕上がり

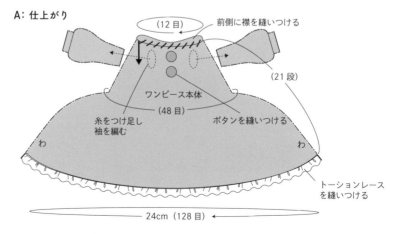

(12目)
前側に襟を縫いつける
(21段)
ワンピース本体
(48目)
糸をつけ足し袖を編む
ボタンを縫いつける
わ　　わ
トーションレースを縫いつける
24cm (128目)

A：ワンピースの袖の編み図

2枚　糸：■＝ピンク　　　※反対側も同様に編む。

脇右下に糸をつける

1
2
3
4
5
6
7
8
9
10
11
12
13
14
15
16
17

◁ ＝糸をつける

◀ ＝糸を切る

◯ ＝くさり編み

● ＝引き抜き編み

✕ ＝こま編み

∨ ＝こま編み2目編み入れる

∧ ＝こま編み2目一度

∨̲ ＝こま編みのすじ編み2目編み入れる

※靴の編み方は P.54 から写真プロセス解説しています。

A：襟の編み図　1枚

糸：■＝ピンク

本体へのとじつけ用に糸を長めに残す

編み始め

作り目
くさり（15目）

靴下の編み図

2枚　糸：□＝白

足の8段めの編み終わりから目を1周11目拾って2段編みつける

✕✕✕✕✕∧✕✕✕✕✕✕　←2
✕✕✕✕✕∨✕✕✕✕✕✕　←1

わたを入れる

2.5cm

①爪先にわたを少し詰めて形を整える
②足に履かせて縫いつける
③ストラップを縫いつける

C：靴の編み図

2枚　糸：■＝ピンク

編み終わりの糸で足にとじつける

5
4
3
2
1
わ

C：ストラップの編み図

2枚　糸：■＝ピンク

作り目くさり（10目）

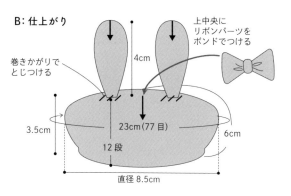

B: 仕上がり

巻きかがりで
とじつける

上中央に
リボンパーツを
ボンドでつける

4cm

3.5cm

23cm(77目)

6cm

12段

直径 8.5cm

B: 耳の編み図

2枚

糸：□ = ピンク

B: ベレー帽の編み図

1枚　　糸：□ = ピンク

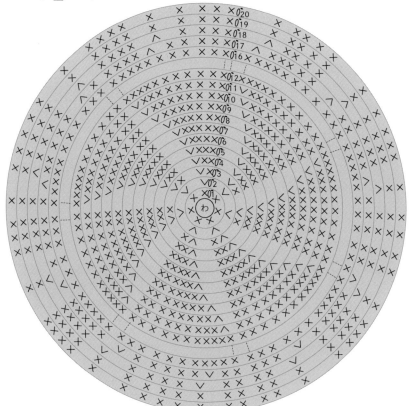

◁ = 糸をつける

◀ = 糸を切る

○ = くさり編み

● = 引き抜き編み

✕ = こま編み

∨ = こま編み2目
編み入れる

∧ = こま編み
2目一度

ベレー帽目数表

19～20 段め	55 目
18 段め	55 目(-11)
17 段め	66 目(-11)
12～16 段め	77 目
11 段め	77 目(+7)
10 段め	70 目(+7)
9 段め	63 目(+7)
8 段め	56 目(+7)
7 段め	49 目(+7)
6 段め	42 目(+7)
5 段め	35 目(+7)
4 段め	28 目(+7)
3 段め	21 目(+7)
2 段め	14 目(+7)
1 段め	7 目

D：うさぎポシェット仕上がり
全て 3/0 号かぎ針で編む

糸：□ = 薄ピーチ

各パーツを糸：薄ピーチで編み、編み終わりの糸端を長めに残しておく。
残した糸で各パーツを縫いとめる。出来上がったら、あみむすの肩から
ななめがけする。

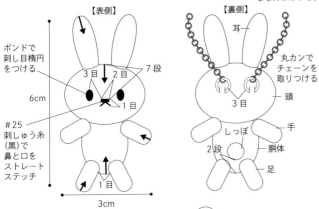

【表側】

ボンドで
刺し目楕円
をつける

6cm

#25
刺しゅう糸
(黒)で
鼻と口を
ストレート
ステッチ

3目　2目　7段

1目

1目

3cm

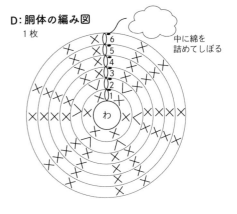

【裏側】

耳

丸カンで
チェーンを
取りつける

3目

頭

しっぽ

手

2段

胴体

足

D：胴体の編み図
1枚

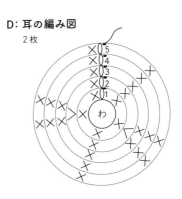

中に綿を
詰めてしぼる

D：頭の編み図
1枚

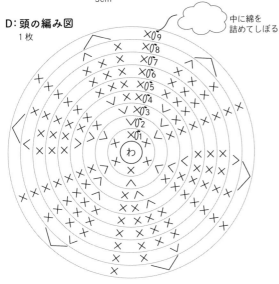

中に綿を
詰めてしぼる

D：耳の編み図
2枚

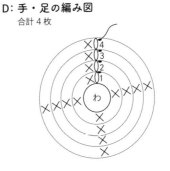

D：しっぽの編み図
1枚

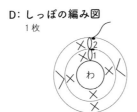

D：手・足の編み図
合計 4枚

71

no.3 / ゆめぽぽちゃん

A:ワンピース　B:ボンネット　C:靴

➡ Photo P.12

● 材料

素体	【糸】………… ハマナカピッコロ #45(イエローベージュ)7g、#1(白)6g、#39(グレイッシュピンク)15g
	【その他】……… #25刺しゅう糸(赤)適量、目玉ボタンマーブル[8mm](黒)2個、ほお紅、手芸わた15g、針金[直径1.6mm](白)適量
服・小物	【糸】………… ハマナカピッコロ #49(ラベンダー)18g、#1(白)2g
	【その他】……… リボンパーツ[1.5×2.5cm](薄紫)5個、トーションレース[2cm幅](白)15cm/[7mm幅](白)15cm、花形ビーズ[6mm](薄紫)7個/(透明)5個、チュール生地(白)6×30cm、#25刺しゅう糸(薄紫)適量

● 用具

かぎ針4/0号、とじ針、縫い針、綿棒、ボンド、はさみ、ニッパー、ピンセット、セロハンテープ

● できあがり寸法

A:着丈6.5cm、B:10×3.5cm、C:2.5×1.5cm

● 編み方 ※素体・髪の毛の作り方・配色はP.33-67を参照してください。

1　素体の各パーツを編む。胴体は#45と#1で、足は#1で編む。手を編んでおく。
2　素体を逆さに持ち、胴体の編み終わりの上から3段めに糸をつけ、ワンピースを編む。
3　素体に手をつけ、脇に糸をつけて袖を編む(P.47～48参照)。
4　ボタンをワンピースに縫いつける。
5　靴を編む。履かせて足に縫いつける。
6　髪の毛を作る(#39)。
7　ボンネットを編み、飾りを縫いつける。

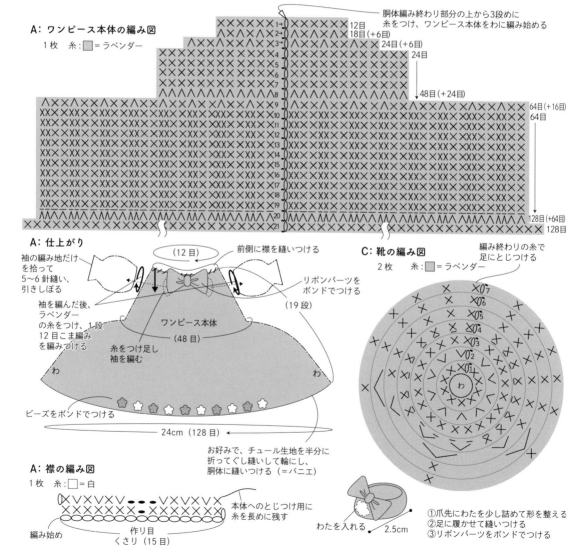

A: ワンピース本体の編み図
1枚　糸: ■ =ラベンダー

胴体編み終わり部分の上から3段めに糸をつけ、ワンピース本体をわに編み始める

A: 仕上がり

袖の編み地だけを拾って5～6針縫い、引きしぼる

袖を編んだ後、ラベンダーの糸をつけ、1段12目こま編みを編みつける

糸をつけ足し袖を編む

(12目)

前側に襟を縫いつける

リボンパーツをボンドでつける

(19段)

ワンピース本体
(48目)

わ　　　わ

ビーズをボンドでつける

24cm (128目)

お好みで、チュール生地を半分に折ってぐし縫いして輪にし、胴体に縫いつける(=パニエ)

A: 襟の編み図
1枚　糸: □ =白

本体へのとじつけ用に糸を長めに残す

編み始め

作り目
くさり(15目)

C: 靴の編み図
2枚　糸: ■ =ラベンダー

編み終わりの糸で足にとじつける

わ

わたを入れる

2.5cm

①爪先にわたを少し詰めて形を整える
②足に履かせて縫いつける
③リボンパーツをボンドでつける

72

A: ワンピースの袖の編み図

2枚　糸：□＝生成り

※ワンピースの袖の編み方は P.48 から
写真プロセス解説しています。

脇右下に
糸をつける

※反対側も同様に編む。

B: 仕上がり

リボンパーツ

ビーズ
(薄紫)

トーションレース
[7mm幅]をサイドに
一周ボンドで貼りつける

10cm

内側にトーションレース
[2cm幅]を円形に
縫いつける

B: ボンネットの編み図

1枚　糸：▨＝ラベンダー

◁ ＝糸をつける
◀ ＝糸を切る
◯ ＝くさり編み
● ＝引き抜き編み
✕ ＝こま編み
∨ ＝こま編み2目
　　編み入れる
∧ ＝こま編み
　　2目一度
┃ ＝中長編み
╂ ＝長編み

✕ ＝こま編みのすじ編み
∨ ＝こま編みのすじ編み
　　2目編み入れる
┃ ＝中長編みのすじ編み
╂ ＝長編みのすじ編み

╲╱ ＝長編み
　　2目編み入れる

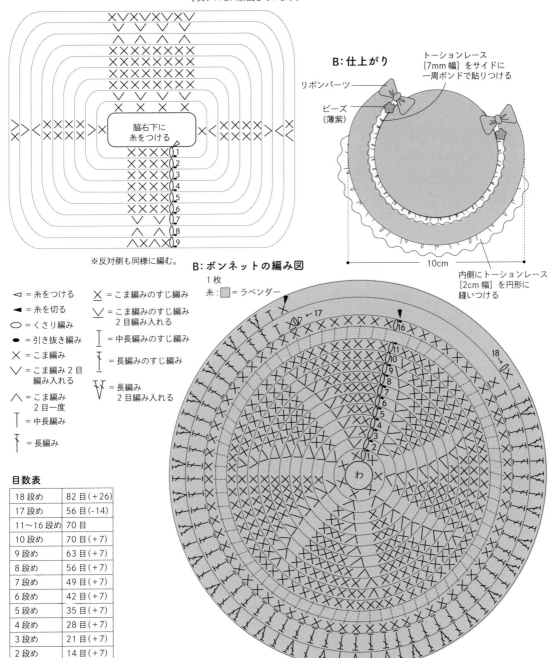

目数表

18 段め	82 目 (+26)
17 段め	56 目 (-14)
11～16 段め	70 目
10 段め	70 目 (+7)
9 段め	63 目 (+7)
8 段め	56 目 (+7)
7 段め	49 目 (+7)
6 段め	42 目 (+7)
5 段め	35 目 (+7)
4 段め	28 目 (+7)
3 段め	21 目 (+7)
2 段め	14 目 (+7)
1 段め	7 目

A:ワンピース　B:ベスト　C:ブーツ　D:シルクハット　E:ワンピースのオーバースカート

● 材料

素体	【糸】………… ハマナカピッコロ #45(イエローベージュ)9g、 #20(黒)4g、#42(黄)15g 【その他】……… #25刺しゅう糸(赤)適量、目玉ボタンマーブル [8mm](黒)2個、ほお紅、手芸わた15g、針金[直径1.6mm](白) 適量
服・小物	【糸】………… ハマナカピッコロ #38(薄ベージュ)15g、#54(薄 茶)1g、#17(こげ茶)5g、#20(黒)2g 【その他】……… トーションレース[28mm幅](生成り)25cm、合 皮ひも[5mm幅](黒)40cm、歯車パーツ(大・小)適量、バックル [4mm](渋金)4個、厚紙、#25刺しゅう糸(生成り・茶)適量

● 用具

かぎ針4/0号、とじ針、縫い針、綿棒、ボンド、はさみ、ニッパー、
ピンセット、セロハンテープ

● できあがり寸法

A:着丈5.5cm、B:2.5×4.5cm、C:2.5×3cm、D:着丈4cm

● 編み方　※素体・髪の毛の作り方・配色はP.33-67を参照してください。

1 素体の各パーツを編む。胴体と足は#45と#20で編む。手を編んでおく。

2 素体を逆さに持ち、胴体の編み終わりの上から3段めに糸をつけ、ワンピースを編む。

3 ワンピースのオーバースカートを編む。ワンピースにレースとオーバースカートを縫いつけ、ベストを編み、ベストも縫いつける。

4 素体に手をつけ、脇に糸をつけて袖を編む(P.47～48参照)。

5 ブーツを編む。6段めで足に履かせて続きを編み、縫いつける。

6 髪の毛を作る(#42)。

7 シルクハットを編む。飾りをボンドでつけ、頭に縫いつける。

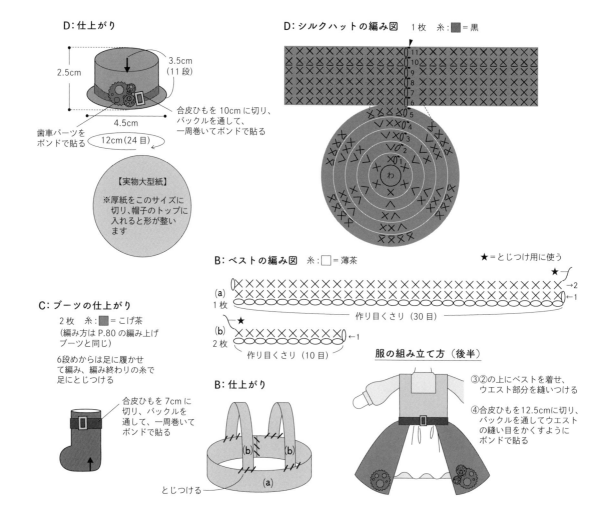

D:仕上がり

2.5cm
3.5cm (11段)
4.5cm
12cm(24目)

歯車パーツをボンドで貼る

合皮ひもを 10cm に切り、バックルを通して、一周巻いてボンドで貼る

【実物大型紙】
※厚紙をこのサイズに切り、帽子のトップに入れると形が整います

D:シルクハットの編み図　1枚　糸: ■ = 黒

C:ブーツの仕上がり

2枚　糸: ■ = こげ茶
(編み方はP.80の編み上げブーツと同じ)

6段めからは足に履かせて編み、編み終わりの糸で足にとじつける

合皮ひもを 7cm に切り、バックルを通して、一周巻いてボンドで貼る

B:ベストの編み図　糸: □ = 薄茶

★ = とじつけ用に使う

(a) 1枚　作り目くさり(30目)　→2　→1

(b) 2枚　作り目くさり(10目)　←1

B:仕上がり

(b) (b) (a)

とじつける

服の組み立て方(後半)

③②の上にベストを着せ、ウエスト部分を縫いつける

④合皮ひもを12.5cmに切り、バックルを通してウエストの縫い目をかくすようにボンドで貼る

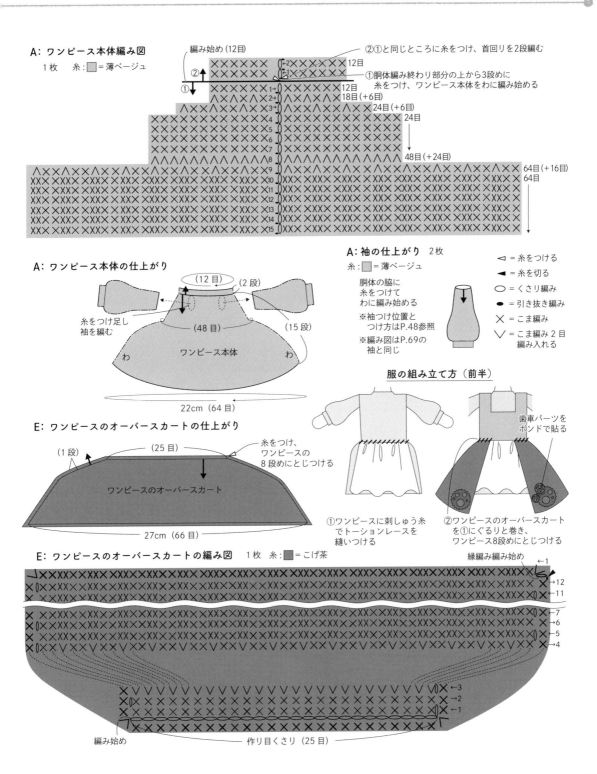

A: ワンピース本体編み図

1枚　糸：□＝薄ベージュ

編み始め（12目）

②①と同じところに糸をつけ、首回りを2段編む

①胴体編み終わり部分の上から3段めに糸をつけ、ワンピース本体をわに編み始める

12目
12目
18目（+6目）
24目（+6目）
24目
48目（+24目）
64目（+16目）
64目

A: ワンピース本体の仕上がり

（12目）　（2段）

糸をつけ足し袖を編む

わ　（48目）　わ

ワンピース本体

（15段）

22cm（64目）

A: 袖の仕上がり　2枚

糸：□＝薄ベージュ

胴体の脇に糸をつけてわに編み始める

※袖つけ位置とつけ方はP.48参照

※編み図はP.69の袖と同じ

◁ ＝糸をつける
◀ ＝糸を切る
◯ ＝くさり編み
● ＝引き抜き編み
✕ ＝こま編み
∨ ＝こま編み2目編み入れる

服の組み立て方（前半）

歯車パーツをボンドで貼る

①ワンピースに刺しゅう糸でトーションレースを縫いつける

②ワンピースのオーバースカートを①にぐるりと巻き、ワンピース8段めにとじつける

E: ワンピースのオーバースカートの仕上がり

（1段）　（25目）

糸をつけ、ワンピースの8段めにとじつける

ワンピースのオーバースカート

27cm（66目）

E: ワンピースのオーバースカートの編み図　1枚　糸：■＝こげ茶

縁編み編み始め　←1
→12
→11
→7
→6
→5
→4
←3
←2
←1

編み始め　　作り目くさり（25目）

● 材料

| 素体 | 【糸】⋯⋯⋯⋯ ハマナカピッコロ #45(イエローベージュ)7g、#1(白)6g、#29(茶)15g
【その他】⋯⋯⋯ #25刺しゅう糸(赤)適量、目玉ボタンマーブル[8mm](黒)2個、ほお紅、手芸わた15g、針金[直径1.6mm](白)適量 |
| 服・小物 | 【糸】⋯⋯⋯⋯ ハマナカピッコロ #48(アイスグリーン)9g、#17(こげ茶)5g
【その他】⋯⋯⋯ トーションレース[8mm幅](白)35cm、パールビーズ[4mm](金)2個、サテンリボン[3mm幅](茶)60cm、#25刺しゅう糸(白)適量 |

● 用具

かぎ針4/0号、とじ針、縫い針、綿棒、ボンド、はさみ、ニッパー、ピンセット、セロハンテープ

● できあがり寸法

A:着丈8cm、B:3×2.5cm

● 編み方　※素体・髪の毛の作り方・配色はP.33〜67を参照してください。

1　素体の各パーツを編む。胴体は#45と#1で、足は#1で編む。手を編んでおく。
2　素体を逆さに持ち、胴体の編み終わりの上から3段めに糸をつけ、ワンピースを編む。途中配色を替える。
3　素体に手をつけ、脇に糸をつけて袖を編む(P.47〜48参照)。
4　胸当てパーツを編む。胸当てパーツ・レース・ビーズをワンピースに縫いつける。
5　ブーツを編む。6段めで足に履かせて続きを編み、縫いつける。
6　髪の毛を作る(#29)。リボンを半分に切り、髪の毛にそれぞれリボン結びする。

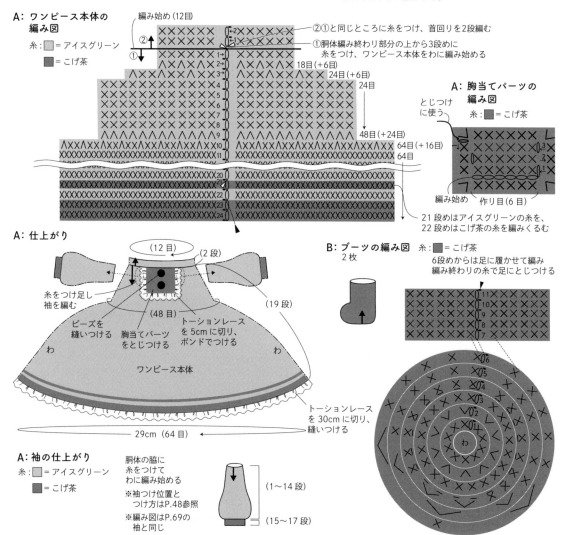

● **材料**

素体	【糸】............... ハマナカピッコロ #45(イエローベージュ)12g、#1(白)1g、#20(黒)15g
	【その他】......... #25刺しゅう糸(赤)適量、目玉ボタンマーブル[8mm](黒)2個、ほお紅、手芸わた15g、針金[直径1.6mm](白)適量
服・小物	【糸】............... ハマナカピッコロ #30(えんじ)7g、#1(白)7g、#20(黒)2g
	【その他】......... トーションレース[7mm幅](黒)30cm/[1.5cm幅](黒)25cm、チュールレース[5cm幅](黒)40cm、合皮ひも(黒)25cm、トーションレース[1cm幅](白)25cm/[2cm幅](白)6cm、石座付きガラスビーズ[7mm](薄紫)2個、チュール布地(黒)10×15cm、#25刺しゅう糸(白)適量

● **用具**

かぎ針4/0号、とじ針、縫い針、綿棒、ボンド、はさみ、ニッパー、ピンセット、セロハンテープ

● **できあがり寸法**

A:着丈6.5cm、B:2×12cm、C:1.5×6cm、D:2.5×2.5cm

● **編み方**　※素体・髪の毛の作り方・配色はP.33-67を参照してください。

1 素体の各パーツを編む。胴体は#45と#1で、足は#45で編む。手を編んでおく。
2 素体を逆さに持ち、胴体の編み終わりの上から3段めに糸をつけ、ワンピースを編む。途中配色を替える。
3 ビスチェを編む。ワンピースの上から4段めに糸をつけて編む。合成ひもを通す。
4 素体に手をつけ、脇に糸をつけて袖を編む(P.47~48参照)。
5 ワンピースにレースやガラスビーズをつける。
6 足にチュール布地とレースを貼り、靴下を作る。
7 ブーツを編む。6段めで足に履かせて素体に縫いつけ、続きを編み縫いつける。
8 カンカン帽子を編み、レースなどの飾りを縫いつける。
9 髪の毛を作る(#20)。

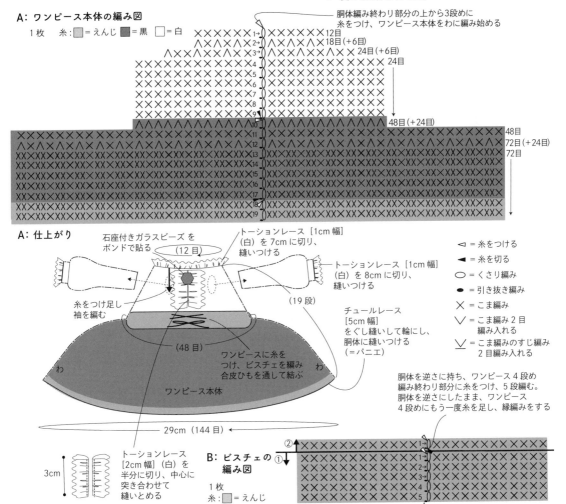

A:　ワンピース本体の編み図

1枚　糸:▨=えんじ　■=黒　□=白

胴体編み終わり部分の上から3段めに糸をつけ、ワンピース本体をわに編み始める

A: 仕上がり

石座付きガラスビーズ をボンドで貼る
(12目)

トーションレース[1cm幅](白)を7cmに切り、縫いつける

トーションレース[1cm幅](白)を8cmに切り、縫いつける

糸をつけ足し袖を編む

(19段)

チュールレース[5cm幅]をぐし縫いして輪にし、胴体に縫いつける(=パニエ)

ワンピースに糸をつけ、ビスチェを編み合皮ひもを通して結ぶ

(48目)

わ　　　わ

ワンピース本体

29cm (144目)

トーションレース[2cm幅](白)を半分に切り、中心に突き合わせて縫いとめる

3cm

◁ = 糸をつける
◀ = 糸を切る
○ = くさり編み
● = 引き抜き編み
× = こま編み
∨ = こま編み2目編み入れる
⋎ = こま編みのすじ編み2目編み入れる

胴体を逆さに持ち、ワンピース4段め編み終わり部分に糸をつけ、5段編む。胴体を逆さにしたまま、ワンピース4段めにもう一度糸を足し、縁編みをする

B: ビスチェの編み図

1枚　糸:▨=えんじ

77

A：ワンピースの袖の編み図

2枚　糸：□＝白　　※反対側も同様に編む。

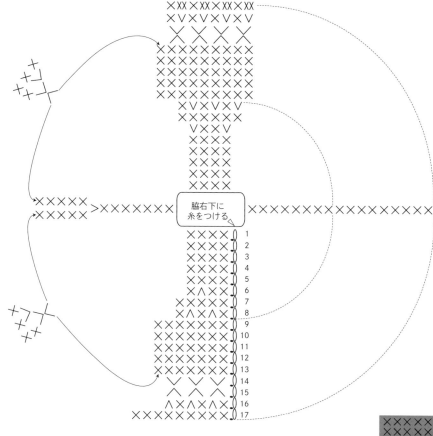

脇右下に
糸をつける

◁	＝糸をつける
◀	＝糸を切る
◯	＝くさり編み
●	＝引き抜き編み
✕	＝こま編み
∨	＝こま編み2目編み入れる
∧	＝こま編み2目一度
✕	＝こま編みのすじ編み

靴下仕上がり

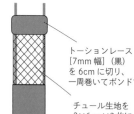

トーションレース
[7mm幅]（黒）
を6cmに切り、
一周巻いてボンドで貼る

チュール生地を
3×6cm×2枚に
カットし、1周巻いて
ボンドで貼る

C：ブーツの編み図

2枚
糸：■＝黒

6段めからは足に履かせて編み
編み終わりの糸で足にとじつける

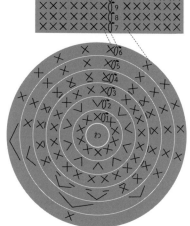

わ

D：仕上がり

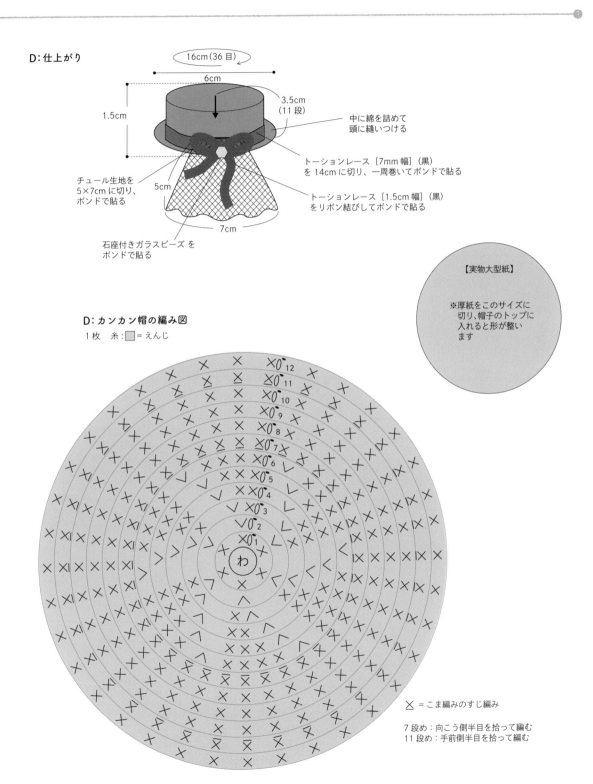

16cm（36目）

6cm

3.5cm
（11段）

1.5cm

中に綿を詰めて
頭に縫いつける

トーションレース［7mm幅］（黒）
を14cmに切り、一周巻いてボンドで貼る

チュール生地を
5×7cmに切り、
ボンドで貼る

5cm

トーションレース［1.5cm幅］（黒）
をリボン結びしてボンドで貼る

石座付きガラスビーズ を
ボンドで貼る

7cm

【実物大型紙】

※厚紙をこのサイズに
切り、帽子のトップに
入れると形が整い
ます

D：カンカン帽の編み図

1枚　糸：□＝えんじ

12
11
10
9
8
7
6
5
4
3
2
1

わ

X ＝こま編みのすじ編み

7段め：向こう側半目を拾って編む
11段め：手前側半目を拾って編む

No.7 / みやびちゃん

A:着物　B:袴　C:髪飾り　D:編みあげブーツ

● 材料

素体
【糸】............... ハマナカピッコロ #45(イエローベージュ)12g、#1(白)2g、#17(こげ茶)15g
【その他】........ #25刺しゅう糸(赤)適量、目玉ボタンマーブル[8mm](黒)2個、ほお紅、手芸わた15g、針金[直径1.6mm](白)適量

服・小物
【糸】............... ハマナカピッコロ A:#40(薄ピンク)9g、#42(黄)1g、B・C:#9(黄緑)4g、D:#17(こげ茶)5g
【その他】........ トーションレース[5mm幅](白)30cm、お花のビーズ[13mm](ピンク)2個/(水色)2個、お花のレース[18mm](白)4枚、ワックスコード(こげ茶)80cm、丸型のビーズモチーフ(白)2個、#25刺しゅう糸(薄ピンク・黄)適量

● 用具

かぎ針4/0号、とじ針、縫い針、綿棒、ボンド、はさみ、ニッパー、ピンセット、セロハンテープ

● できあがり寸法

A:着丈4cm　B:着丈4.5cm　C:5×2cm　D:4×2.5cm

● 編み方 ※素体・髪の毛の作り方・配色はP.33-67を参照してください。

1　素体を仕上げる。胴体は#45と#1で、足は#45で編む。
2　着物・袖・袴を編む。
3　素体に着物を当てて縫いとめる。
4　素体に手をつけ、着物に袖を縫いとめる(P.47参照)。
5　ブーツを編む。6段めで足に履かせて続きを編み、縫いとめる。ワックスコードを通してリボン結びする。
6　髪飾りを編み、レースとビーズを縫いとめる。
7　髪の毛を作る(#17)。
8　全体のバランスを見て、袴と袖にレースやビーズの飾りを縫いつける。頭に髪飾りを縫いとめる。

◁ =糸をつける
◀ =糸を切る
◯ =くさり編み
● =引き抜き編み
✕ =こま編み
∨ =こま編み2目編み入れる
∧ =こま編み2目一度
✕ =こま編みのすじ編み
∨ =こま編みのすじ編み2目編み入れる

D:編みあげブーツの編み図
2枚　糸:■=こげ茶

リボン結びする
2段
2段
2段
8段め
4目

ワックスコードを8段めに通して交差させながら上に編みあげ、最後はリボン結びする

6段めからは足に履かせて編み編み終わりの糸で足にとじつける

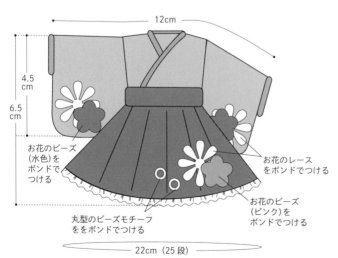

A+B:仕上がり

12cm
4.5cm
6.5cm

お花のビーズ(水色)をボンドでつける
丸型のビーズモチーフををボンドでつける
お花のレースをボンドでつける
お花のビーズ(ピンク)をボンドでつける
22cm(25段)

── 22cm (25段) ──

A：着物の編み図

1枚

糸：□ = 薄ピンク
　　■ = 黄

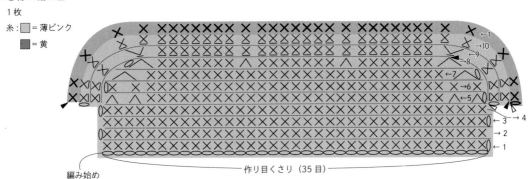

←1
→10
←9
→8
←7
→6
←5
←3　→4
→2
←1

編み始め

作り目くさり（35目）

A：袖の編み図

2枚　糸：□ = 薄ピンク
　　　　■ = 黄

←1
→27
←26
→25
→24
←23
←22
→21
←20
←19
→18
←17
→16
←15
→14
←13
→12
←11
→10
←9
→8
←7
←6
←5
→4
←3
→2
←1

編み始め

作り目くさり（10目）

服の組み立て方

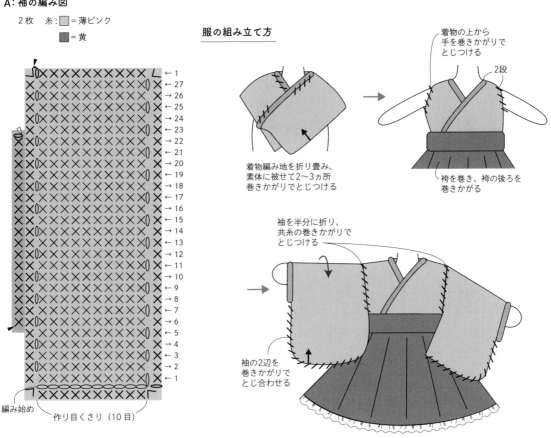

着物編み地を折り畳み、
素体に被せて2〜3ヵ所
巻きかがりでとじつける

着物の上から
手を巻きかがりで
とじつける

2段

袴を巻き、袴の後ろを
巻きかがる

袖を半分に折り、
共糸の巻きかがりで
とじつける

袖の2辺を
巻きかがりで
とじ合わせる

B：袴の編み図

1枚　糸：▦＝黄緑

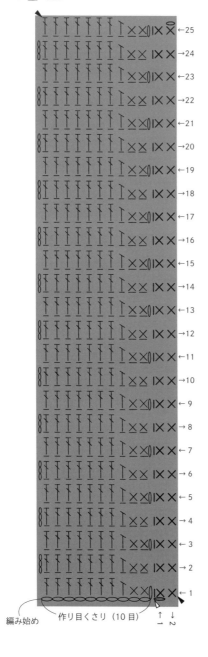

編み始め　　作り目くさり（10目）

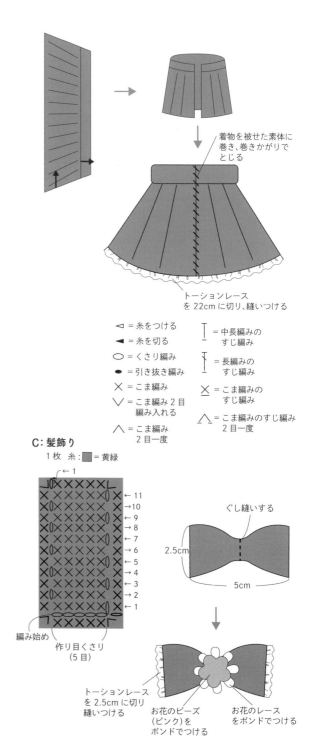

着物を被せた素体に
巻き、巻きかがりで
とじる

トーションレース
を22cmに切り、縫いつける

◁ ＝糸をつける

◀ ＝糸を切る

○ ＝くさり編み

● ＝引き抜き編み

× ＝こま編み

∨ ＝こま編み2目
　　編み入れる

∧ ＝こま編み
　　2目一度

I ＝中長編みの
　　すじ編み

T ＝長編みの
　　すじ編み

⊠ ＝こま編みの
　　すじ編み

⋀ ＝こま編みのすじ編み
　　2目一度

C：髪飾り

1枚　糸：▦＝黄緑

編み始め

作り目くさり
（5目）

ぐし縫いする

2.5cm

5cm

トーションレース
を2.5cmに切り
縫いつける

お花のビーズ
（ピンク）を
ボンドでつける

お花のレース
をボンドでつける

A:トップス　B:スカート　C:ブーツ

● 材料

素体	【糸】 …………… ハマナカピッコロ #45(イエローベージュ)9g、#20(黒)1g、#52(ピーコックブルー)3g、#23(薄青)12g、#22(ショッキングピンク)3g
	【その他】……… #25刺しゅう糸(赤)・(黒)適量、目玉ボタンマーブル[8mm](黒)2個、ほお紅、手芸わた15g、針金[直径1.6mm](白)適量
服・小物	【糸】 …………… ハマナカピッコロ#20(黒)2g、#55(ローズピンク)2g
	【その他】……… チュールレース[3cm幅](黒)20cm、合皮ひも[3mm幅](黒)6cm/[5mm幅](黒)20cm、バックル[4mm](銀)2個、チェーン(銀)8cm、丸カン(銀)3個、十字架チャーム(銀)1個、メタルビーズ(銀)16個、#25刺しゅう糸(黒)

● 用具

かぎ針4/0号、とじ針、縫い針、綿棒、ボンド、はさみ、ニッパー、ピンセット、セロハンテープ、ペンチ

● できあがり寸法

A:着丈5cm、B:着丈5cm、C:2.5×2.5cm

● 編み方 ※素体・髪の毛の作り方・配色はP.33-67を参照してください。

1　素体の各パーツを編む。胴体は#45と#20で、足は#45と#52で編む。
2　素体を逆さに持ち、胴体の7段めに糸をつけ、スカートを編む。7段めで糸を替える。
3　素体を逆さに持ち、胴体の編み終わりの上から4段めに糸をつけ、トップスを編む。裾はスカートの上にボンドで貼る。
4　素体に手をつけ、脇に糸をつけて腕の周りを1段編む(P.47〜48参照)。
5　胴体にチュールレースを縫いつける。
6　ブーツを編む。6段めで素体に履かせて続きを編み、縫いとめる。メタルビーズを縫いつける。
7　髪の毛を作る(#23・#22)。
8　アクセサリー類を作り素体やトップスにとめつける。

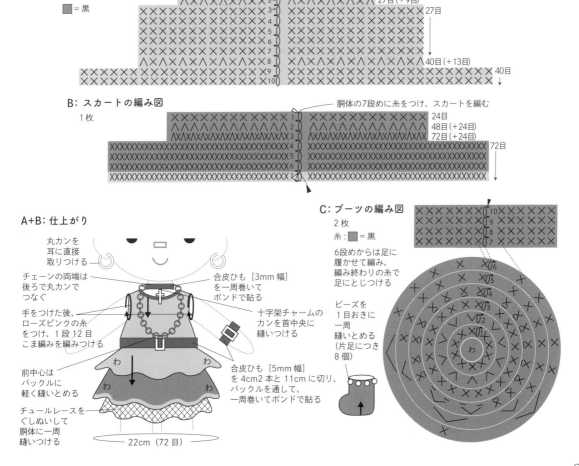

no.8 / アニーちゃん

A:ワンピース　B:ブーツ　C:麦わら帽子

→ *Photo P.22*

●材料

素体	【糸】............ ハマナカピッコロ #3(オレンジベージュ)7g、#20(黒) 6g、#7(オレンジ)15g
	【その他】........ #25刺しゅう糸 (赤) 適量、目玉ボタンマーブル [8mm] (黒)2個、ほお紅、手芸わた15g、針金[直径1.6mm] (白)適量
服・小物	【糸】............ ハマナカピッコロ #35(ダークグリーン)8g、#16(薄ベージュ)6g、#21(金茶)10g、#17(こげ茶)5g
	【その他】........ トーションレース[1cm幅] (白)25cm、ワックスコード(こげ茶)60cm、#25刺しゅう糸 (白)

●用具

かぎ針4/0号、とじ針、縫い針、綿棒、ボンド、はさみ、ニッパー、ピンセット、セロハンテープ、ペン[0.5cm幅] (茶)

●できあがり寸法

A:着丈7cm、B:2.5×2.5cm、C:8×4cm

●編み方 ※素体・髪の毛の作り方・配色はP.33-67を参照してください。

1　素体の各パーツを編む。胴体は#3と#20、足は#20で編む。手を編んでおく。
2　素体を逆さに持ち、胴体の編み終わりの上から3段めに糸をつけ、ワンピースを編む。
3　素体に手をつけ、脇に糸をつけて袖を編む(P.47〜48参照)。
4　エプロンを編む。素体に着せて、後中心の上部をとじる。
5　ブーツを編む。6段めで足に履かせて続きを編み、縫いとめる。ワックスコードを通してリボン結びする。
6　髪の毛を作る(#7)。
7　麦わら帽子を編む。

B:エプロンの編み図

1枚　糸：▨ = 薄ベージュ

◁ = 糸をつける　○ = くさり編み　× = こま編み　∨ = こま編み2目編み入れる　∧ = こま編み2目一度
◀ = 糸を切る　● = 引き抜き編み　⊠ = こま編みのすじ編み

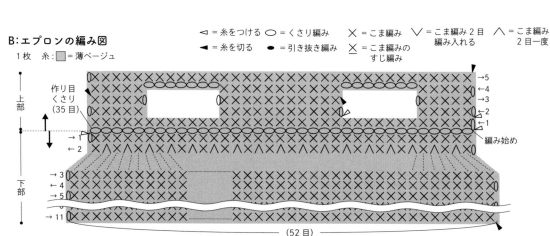

B: 仕上がり

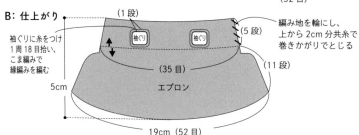

袖ぐりに糸をつけ1周18目拾い、こま編みで縁編みを編む

編み地を輪にし、上から2cm分共糸で巻きかがりでとじる

(1 段)　袖ぐり　袖ぐり　(5 段)

(35 目)　(11 段)

5cm　エプロン

19cm (52 目)

A: 仕上がり

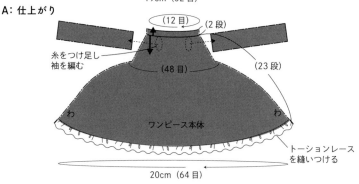

(12 目)　(2 段)

糸をつけ足し袖を編む

(48 目)　(23 段)

わ　ワンピース本体　わ

トーションレースを縫いつける

20cm (64 目)

A: 袖の編み図

2枚　糸：▨ = ダークグリーン

脇右下に糸をつける

1　2　14　15

B: ブーツの仕上がり

2枚　糸：▨ = こげ茶
(編み方は P.76 のブーツと同じ)

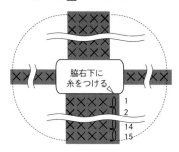

2 段
2 段
4 段

6段めからは足に履かせて編み、編み終わりの糸で足にとじつける
ワックスコードを通し、リボン結びする
(通し方はP.80参照)

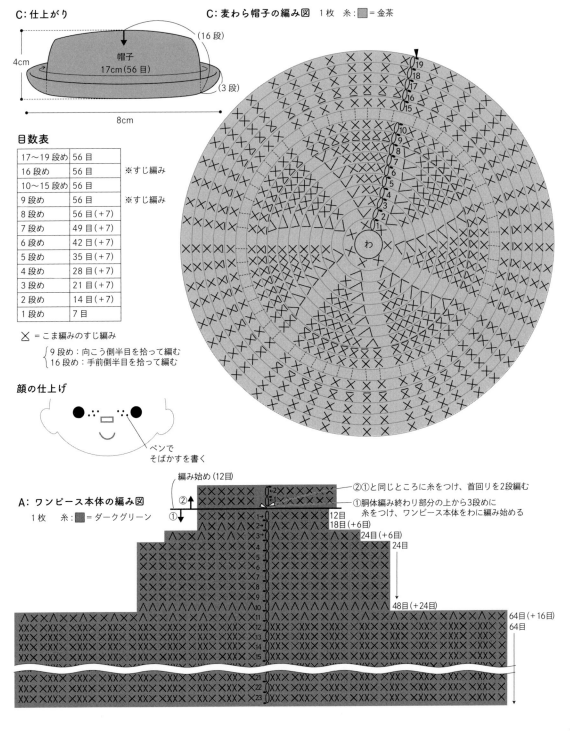

C：仕上がり

帽子
17cm（56目）

（16段）

（3段）

4cm

8cm

C：麦わら帽子の編み図　1枚　糸：■＝金茶

目数表

17〜19 段め	56 目	
16 段め	56 目	※すじ編み
10〜15 段め	56 目	
9 段め	56 目	※すじ編み
8 段め	56 目（＋7）	
7 段め	49 目（＋7）	
6 段め	42 目（＋7）	
5 段め	35 目（＋7）	
4 段め	28 目（＋7）	
3 段め	21 目（＋7）	
2 段め	14 目（＋7）	
1 段め	7 目	

✕ ＝こま編みのすじ編み

｛9 段め：向こう側半目を拾って編む
｛16 段め：手前側半目を拾って編む

顔の仕上げ

ペンで
そばかすを書く

A：ワンピース本体の編み図

1枚　糸：■＝ダークグリーン

編み始め（12目）

②①と同じところに糸をつけ、首回りを2段編む
①胴体編み終わり部分の上から3段に
糸をつけ、ワンピース本体をわに編み始める

12目
18目（＋6目）
24目（＋6目）
24目
48目（＋24目）
64目（＋16目）
64目

85

A:ワンピース　B:ヘッドドレス　C:眼帯　D:ブーツ

● 材料

素体	【糸】.............. ハマナカピッコロ #33(グレー)12g、#20(黒)1g、#54(薄茶) 15g
	【その他】........ #25刺しゅう糸 (赤)・(黒) 適量、目玉ボタンマーブル[8mm](黒)2個、ほお紅、手芸わた15g、針金[直径1.6mm](白)適量
服・小物	【糸】.............. ハマナカピッコロ #20(黒)15g、#36(群青)9g
	【その他】........ 合皮 (黒)20×5cm、サテンリボン[3mm幅](黒)50cm、レース[2cm幅](黒)30cm、#25刺しゅう糸(黒)

● 用具

かぎ針4/0 号、とじ針、縫い針、綿棒、ボンド、はさみ、ニッパー、ピンセット、セロハンテープ

● できあがり寸法

A:着丈6cm、B:12×2cm、C:3.5×2.5cm

● 編み方　※素体・髪の毛の作り方・配色はP.33-67を参照してください。

1　素体の各パーツを編む。胴体は＃33と＃20で、足は＃33で編む。

2　素体を逆さに持ち、胴体の編み終わりの上から3段めに糸をつけ、ワンピースを編む。9段めで糸を替える。

3　素体に手をつけ、脇に糸をつけて袖を編む(P.47〜48参照)。

4　レースをぐし縫いして、ワンピースに縫いつける。

5　ブーツを編む。6段めで足に履かせて続きを編み、縫いとめる。

6　顔に傷の刺しゅうをし、髪の毛を作る(＃54)。合皮を眼帯の実物大型紙に合わせて切り、頭の後ろでボンドで貼る。

7　ヘッドドレスを編む。リボンをボンドでつけ、頭に縫いつける。

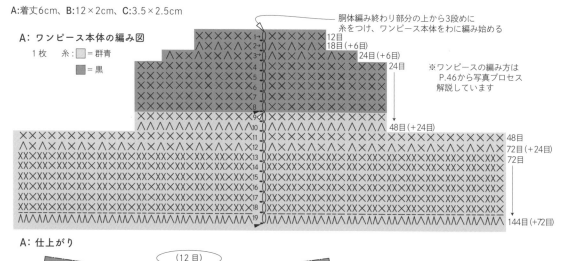

A: ワンピース本体の編み図

1枚　糸：□=群青　■=黒

胴体編み終わり部分の上から3段めに糸をつけ、ワンピース本体をわに編み始める

12目
18目(+6目)
24目(+6目)
24目
48目(+24目)
48目
72目(+24目)
72目
144目(+72目)

※ワンピースの編み方はP.46から写真プロセス解説しています

A: 仕上がり

(12目)
糸をつけ足し袖を編む
(19 段)
(48目)
レースをぐし縫いして8段めに縫いつける
ワンピース本体
(19 段)
24cm (144 目)

B: 仕上がり

12cm
頭に縫いつける
サテンリボンを半分に切り、リボン結びしてボンドでつける

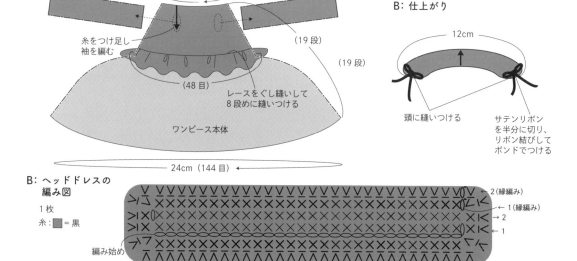

B: ヘッドドレスの編み図

1枚　糸：■=黒

2(縁編み)
1(縁編み)
2
1
編み始め
作り目くさり (28 目)

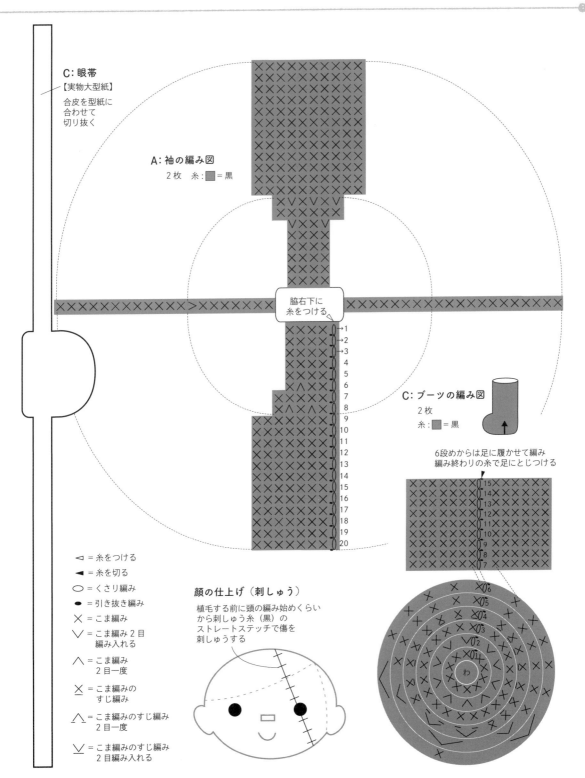

C：眼帯
【実物大型紙】
合皮を型紙に
合わせて
切り抜く

A：袖の編み図
2枚　糸：■＝黒

脇右下に
糸をつける

→1
→2
→3
4
5
6
7
8
9
10
11
12
13
14
15
16
17
18
19
20

C：ブーツの編み図
2枚
糸：■＝黒

6段めからは足に履かせて編み
編み終わりの糸で足にとじつける

15
14
13
12
11
10
9
8
7
6
5
4
3
2
1
わ

◁ ＝糸をつける

◀ ＝糸を切る

〇 ＝くさり編み

● ＝引き抜き編み

✕ ＝こま編み

Ⅴ ＝こま編み2目
　　編み入れる

Λ ＝こま編み
　　2目一度

✕ ＝こま編みの
　　すじ編み

⋀ ＝こま編みのすじ編み
　　2目一度

Ⅴ ＝こま編みのすじ編み
　　2目編み入れる

顔の仕上げ（刺しゅう）
植毛する前に頭の編み始めくらい
から刺しゅう糸（黒）の
ストレートステッチで傷を
刺しゅうする

かぎ針編みの基礎

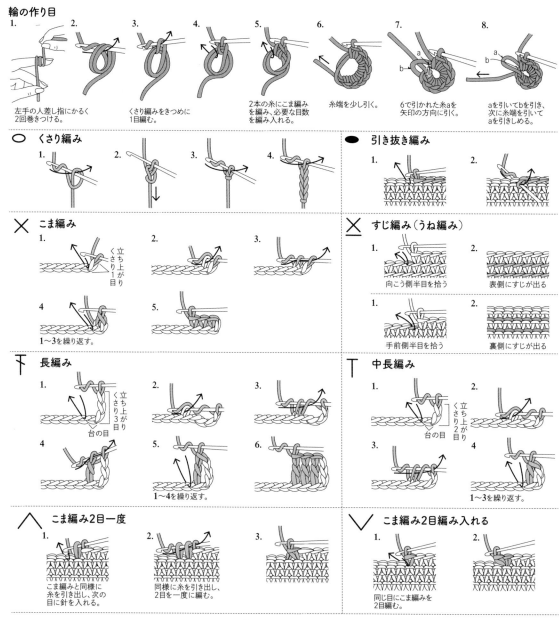

輪の作り目

1. 左手の人差し指にかるく2回巻きつける。
2.
3. くさり編みをきつめに1目編む。
4.
5. 2本の糸にこま編みを編み、必要な目数を編み入れる。
6. 糸端を少し引く。
7. 6で引かれた糸aを矢印の方向に引く。
8. aを引いてbを引き、次に糸端を引いてaを引きしめる。

◯ くさり編み
1.
2.
3.
4.

● 引き抜き編み
1.
2.

✕ こま編み
1. 立ち上がりくさり1目
2.
3.
4. 1〜3を繰り返す。
5.

✕ すじ編み（うね編み）
1. 向こう側半目を拾う
2. 表側にすじが出る
1. 手前側半目を拾う
2. 裏側にすじが出る

〒 長編み
1. 立ち上がりくさり3目 台の目
2.
3.
4.
5. 1〜4を繰り返す。
6.

〒 中長編み
1. 立ち上がりくさり2目 台の目
2.
3.
4.
1〜3を繰り返す。

⋀ こま編み2目一度
1. こま編みと同様に糸を引き出し、次の目に針を入れる。
2. 同様に糸を引き出し、2目を一度に編む。
3.

⋁ こま編み2目編み入れる
1.
2. 同じ目にこま編みを2目編む。

#あみむす 理想の推しむす BOOK

2023年8月1日　初版第1刷発行
2023年10月15日　初版第2刷発行

著　者●なると
発行者●廣瀬和二
発行所●株式会社日東書院本社
〒113-0033 東京都文京区本郷1-33-13　春日町ビル5F
TEL ● 03-5931-5930（代表）FAX ● 03-6386-3087（販売部）
URL ● http://www.TG-NET.co.jp
印刷所●三共グラフィック株式会社
製本所●株式会社セイコーバインダリー